现实主义视角下的司法决策

唐丰鹤——著

法律出版社 | LAW PRESS

目录

导　论

自从兰代尔（Christopher Comlumbus Langdell，1826－1906）的法律形式主义思想衰落之后，法律现实主义已经支配了美国主流法律思想近一个世纪之久，①在现实主义学派的努力下，人们充分注意到了此前数个世纪都未曾注意到的法治的微观方面。此前数个世纪，人们对法治抱有充分的期许，理想的法治根植于对邪恶人性与任性权力的深深警惕，由于执行权注定会成为公民权利的大敌，少数人注定要奴役大多数人，所以，人治被视若畏途，政治哲学家们提出的对策良方是法治。在理想法治国中，制定得良好的法律获得了至高无上的权威，而拥有邪恶本性的权力则被分割，每一个权力分支只能依法行使一定固定的职能，比如，议会代

① 早期的现实主义者如著名的霍姆斯是兰代尔的同时代人，但是现实主义发展成熟是在20世纪二三十年代，自那以后，现实主义及随后产生的许多激进的甚至后现代的流派，都可以视为现实主义思想的延续。

表人民行使立法权,政府则只能依法执行,而司法权则被分配给了法院。由于这样一套体制的设置及其背后目的的考量,司法权的行使有着固定的剧本,法院的角色不过是把立法分支已经立好"在那里"的法律适用到提交上来的具体纠纷上,法治国的设想者们似乎完全没有考虑到司法过程可能具有的复杂性,法官被认定为不应该有能动性,他们只是把明确的法律适用于清楚的事实,不需要过多的自由裁量,就像韦伯(Max Weber,1864－1920)所想象的那样,法治国要求的是"自动售货机式"的司法,法官是工人而不是艺术家。如果法官在这个过程中居然还能自作主张,对法律与事实做出纯属主观的判断,那就意味着权力分立原则被破坏,意味着法官的人治与理想法治国的瓦解。

在这一套理想的法治图景观照下我们可以更好地理解兰代尔的法律形式主义,法律形式主义显然符合了此种严格的法治观对于司法的想象。但是即令它们彼此之间配合无间,不解风情的法律现实主义还是摧毁了它。"法律现实主义系统地批判了 19 世纪法律思想的两个中心支柱,它们也是法治的基础:概念形式主义和规则形式主义。"①概念形式主义大概是说构成法律体系之基石的法律概念,具有确定的内容,并且构成一个完整严密的概念体系,法律适用只是要识别这些内容和体系;规则形式主义大致是说法律是一个由规则构成的封闭完美的体系,任何案件中,规则都被法官以统一的、机械的方式加以适用以确定"唯一正解"。现实主义对此进行了反驳,它认为形式主义对法律确定性的迷恋只是我们成长过程中残留的"恋父情结"的反映,首先,法律概念没有确定的内容,甚至只是"空荡荡的容器",法官可以倾倒进任何内容;其次,法律规则是更加不确定的,规则常常是模糊的,模棱两可的,更不要说规

---

① [美]塔玛纳哈:《论法治——历史、政治和理论》,李桂林译,武汉大学出版社 2010 年版,第 99 页。

则存在空缺的情况了。①

现实主义的立足点就是现实生活本身,在现实主义看来,形式主义顶多只是一套理想化的"说教",它与真实的生活不沾边。现实主义包含了各种风格迥异的说法,这些说法从各个角度切入,证明司法过程中充满了人为的因素,法官不是在被动地、机械地适用法律,事实也就是生活,也不可能等待法官拿一套既定规则给它上轭,灰暗陈旧的规则根本"罩不住"活力四射的生活,因此,在两者适应的过程中,就需要法官发挥自己的创造性和能动性。法官是法律与事实的媒人,他必须创造条件让两者相互登对,或者说,法官如一个裁缝,他必须量体裁衣,使法律的袍子可以恰如其分地罩住事实的身体。

然而,现实主义的破坏性色彩在于,它视野中所谓真实的法官往往不是传统的那种理性的、中立的、超脱的、克制的贤人法官形象,而主要是一个现实的人,作为一个现实的人,他不可避免地带有偏见和先见,有固定的思维定式,有七情六欲,会意气用事,更多是诉诸直觉而不是诉诸理性,会因为和妻子吵架而心情糟糕并迁怒于当事人,也会因朋友说情而大笔一挥,判决请托的当事人少付20万元。

从科学角度来说,现实主义的核心追求莫过于恰如其分地反映现实,为此不惜将任何理想置之度外,"怎么真实怎么来,"但是现实会刺痛理想主义者的眼睛。现实主义的这一番观察不仅彻底解构了法治国视野中的司法图景,进而也威胁到了法治理想本身,这就是塔玛纳哈(Brian Z. Tamanaha)所说的现代激进左派对于法治的威胁。② 现实主义其实是说,法治国所设想、所依靠的法律根本具有巨大的不确定性,从司法的层面来观察,并不是法律在统治、在适用,而是法官在统治,法律的

---

① [美]塔玛纳哈:《论法治——历史、政治和理论》,李桂林译,武汉大学出版社2010年版,第99~100页。

② [美]塔玛纳哈:《论法治——历史、政治和理论》,李桂林译,武汉大学出版社2010年版,第94~116页。

统治被偷换成了法官的统治(而且还是很任性、很感性的法官),对于近代以来的这一套法治意识形态,无疑是一种毁灭性打击,正如塔玛纳哈所说:“如果接受现实主义的抨击,‘法治’与‘人治’的对比就不像先前的雄辩之辞所说的那样尖锐。”①一言以蔽之,纠结的根源在于,法治需要法律的确定性,而现实主义却认为行动中的法不具有这种确定性,因为人为的因素掺杂进来了。

理想主义者或规范主义者可能会争辩说,“我们不是不了解现实,但我们之所以执著于理想,是因为理想本身没有错,过多的现实主义色彩是值得警惕的,我们追求的是用理想来规范、改变与型构现实。”理想主义者或规范主义者对现实主义可能采取两种态度:一种态度是“鸵鸟式”的回避态度,对现实主义揭示的事实视而不见;另一种态度是从“政治正确”出发,视现实主义为敌人与威胁,采取打压的立场。这两种态度都可以在我国目前的法学界找到,这也是目前在我国从事法律现实主义研究所面临的话语环境。在我国,法律现实主义研究更容易被视为一种“杂音”。由于国情不同(可能更重要的是所处的阶段不一样),我国目前还在致力于全民形成法治意识形态的阶段,在这个阶段,多余的杂音被认为无助于法治大业的形成,尤其是现实主义这种帮倒忙的解构性的学说,被认为不利于法治共识的凝聚,也正是因为这一考量,法律现实主义研究甚至被某些学者认为“政治不正确”,他们认为,法律所具有的不确定性,只能通过法教义学的内部争议来进行完善,而不能一味破坏。

我们无意过多卷入这一争论,在我们看来,理想主义和现实主义都值得被“同情地理解”,我们的看法是把现实主义单纯看作一种研究视角。视角(perspective)是一个非常具有哲学意味的词,尼采(Friedrich Wilhelm Nietzsche,1844 - 1900)的视角主义(perspectivism)认为世界上

---

① [美]塔玛纳哈:《论法治——历史、政治和理论》,李桂林译,武汉大学出版社2010年版,第101页。

本无所谓的“本体”或“物自体”,有的只是我们的“一角之见”。任何人注定只能从某一个角度来观察事物,获得关于该事物的某一个维度的知识:

> 人们想知道自在之物具有何种性质:可是看啊,根本就没有什么自在之物!甚至,假如有一种自在、一个无条件之物,那么,它恰恰因此不可能被认识!某个无条件之物是不能被认识的:要不然,它就不是无条件的了!然而,认识始终是“以某种方式为某个目的而受条件限制”——;这样一个“认识者”想要的是,他想认识的东西与他毫无相干;还有,这同一个东西根本就不是与任何人毫不相干:这里首先出现了一个矛盾,在认识之意愿与那种主张某物与他毫不相干的要求之间(但这样一来认识何为啊!);其次,因为与任何人都毫不相干的东西根本就不存在,所以也就根本不能被认识。——认识意味着“为某个东西而受条件限制”……①

可以从无数的角度来对世界加以认识,因此,关于世界的知识趋于无穷,“世界是可以不同地解说的,它没有什么隐含的意义,而是具有无数的意义,此即‘视角主义’。”②虽然如此,从不同角度进行的观察虽然都不是真理本身,但是自有其价值,从理论上来说,如果有人能够整合所有的视角,那他就可以获得对世界本真的认识,但是这样一个超越者只能是上帝,人毕竟不能全知全能,但人作为有限理性的动物,并不是无所作为。从真理的角度来讲,不同的视角凑成了无死角的真理,现实主义作为一种视角,无疑是有价值的观察。

而从乐观的角度来说,现实主义对于横亘于法律人心中的法治理想来说,并不是一眼看上去那样的“成事不足,败事有余”,法治理想的滑落,不能找法律现实主义去“背锅”,而只能埋怨自己太幼稚。法治国的

---

① [德]尼采:《权力意志》,孙周兴译,商务印书馆2007年版,第166~167页。

② [德]尼采:《权力意志》,孙周兴译,商务印书馆2007年版,第362~363页。

鼓吹者想要用法律来规制永不驯服的权力，规整气象万千的社会与永远长青的生活，这本身注定要如西西弗斯推石上山那样徒劳无功，法治一定要接受各种挑战，催生出自己的2.0版本，法治一定要能够容纳各种张力，它才会真正具有生命力，屹立不倒。实际上，为了捍卫法治理想，为了回应现实主义挑战，一些学者主张一种以不变应万变的法条主义，因为这样做具有更加长远的制度效益，①这是一种很有力的回应。再如，也许正是在现实主义批评与揭露的基础上，还有很多学者提出了一种提前考虑普遍后果的实用主义司法思想，这也不失为一种可能的方向。

本书不仅属于现实主义的进路，而且属于典型的“社科法学”进路，这两者也许本来就没有什么不同，因为当教义法学要求“遵循逻辑与体系的要求，以原则、规则、概念等要素制定、编纂与发展法律以及通过适当的解释规则运用和阐释法律”②时，社科法学则喜欢站在法律教义的外部，强调从法律实施与运行的实际情况出发，考察“行动中的法”是怎么样的，这岂不就是现实主义吗？③

社科法学与现实主义确实具有某种亲缘关系，但是同时，社科法学一如苏力强调的，还特别要“不断从各个学科汲取新的知识”④来丰富我们的研究视角，因此社科法学本质上是强调科际整合的，据侯猛考察，社科法学过去就曾经使用过“法律的交叉学科研究”这个名称，虽然社科法学主要是法律社会学，但是社科法学这一名称表明其“在知识上更强调

---

① See Frederick Schauer, *Thinking Like a Lawyer: A New Introduction to Legal Reasoning*, Harvard University Press, 2009.

② 许德风：《法教义学的应用》，载《中外法学》2013年第5期。

③ 陈柏峰似乎就是这样认为的，参见陈柏峰：《社科法学及其功用》，载《法商研究》2014年第5期。

④ 苏力：《也许正在发生——中国当代法学发展的一个概览》，载《比较法研究》2001年第3期。

开放性”。[1] 本书在知识上便自觉地重视了知识上的开放性，实际上，很多章节可以视为一种科际整合的研究成果，比如第三章结合本体论解释学（又叫哲学解释学）的视角对司法决策进行了观察，第四章、第五章是典型的社会学研究，第六章、第七章则是认知心理学与法学的结合研究，第八章涉及经济学中的后果论，第九章则运用了博弈论的知识来观察现实中多个法官同案同判的问题。

也许可以说，本书主要是在现实主义这一视角下，通过科际整合，从各个角度来对司法决策行为进行透视，本书基本结构如下：

首先，为了较为全面地呈现法律现实主义的视角特色，有必要围绕司法决策行为从历史叙事的角度对法律现实主义思想的由来与发展作一个系统地介绍，本书第一、二章便属于这种历史叙事。第一章介绍了法律现实主义的司法决策思想，法律现实主义认为司法过程不是机械的法律适用的过程，而是一个创造性的过程，司法裁判是由事实主导的，司法决策只是对事实刺激的一种反应，然而，法律现实主义内部对于司法决策结果是否可以预测的问题则存在不同的答案。法律现实主义在美国经历一个高峰之后出现了分化，既出现了捍卫法治理想，以毕生心血来说明和维护“类似案件要类似对待”原则的法律过程学派（legal process school），[2]但更多是沿着现实主义的脉络继续前进的一些泛现实主义学派，特别是激进的批判法学更是引人注目，为了更好地呈现现实主义的脉络与演进趋势，本书第二章讨论了批判法学的司法思想，批判法学主张司法的政治性，即司法判决本质上不是基于法律因素而作出的，而是基于政治意识形态因素而作出的。

本书第三章是哲学与法学的跨学科联合观察，我们试图从哲学角度揭示司法决策的现实主义色彩。本体论解释学认为解释者是带

---

① 侯猛：《社科法学的传统与挑战》，载《法商研究》2014 年第 5 期。

② See Stephen M. Feldman, *American Legal Thought from Premodernism to Postmodernism: An Intellectual Voyage*, Oxford University Press, 2000, p. 6.

着主体性从事解释活动的,因此,解释不可避免带有主观色彩。据此,司法判决的预测模型从“客观法律模型”转变成了解释者“主观法律模型”。

本书第四章、第五章是社会学与法学的跨学科联合观察。第四章中,我们借用了戈夫曼(Erving Goffman,1922 – 1982)的日常表演理论和格兰诺维特(Mark Granovetter)的社会关系网理论,来观察和证实法官司法决策受社会关系网络中各种力量拉扯的现实,从社会学角度来观察,司法官总是处在社会关系之中,这就意味着司法官的决策行为总是受到关系网中诸种力量的影响,因此,司法决策可以视为关系网中诸力量共同角力的结果。第五章则结合中国文化的特色,强调了在中国这样一个关系本位的社会里,法官的司法决策可能受到的人情关系与权力关系的影响。

本书第六章、第七章是从认知心理学的角度来观察法官的司法决策。第七章通过对61件刑事错案的研究指出,从认知心理学的角度来看,法律事实认定过程中存在普遍性的认知偏差,主要有代表性偏差、易得性偏差和锚定性偏差,而“错上加错”的心理机制使这些认知偏差不仅未能得到纠正,反而成为决定司法决策的事实基础,第七章则收集了近二十年来发生的13起公众关注案件,并从认知心理学的角度分析了其中存在的刻板印象及其对法官司法决策的影响。

本书第八章选取了最具社科法学特色的后果论的视角来观察法官的司法决策,从后果论的视角来看,司法过程中普遍存在的后果衡量并不是对所有后果的通盘权衡,而往往只选择一种具有凸显性的单一性后果来进行权衡,使某种单一性后果凸显出来的,主要是外部环境因素和主体偏好因素。

本书第九章则聚焦于同案同判的现实难题,运用博弈论这一分析工具,描述了多个法官同案同判的协调性难题。协调性博弈告诉我们,处理多主体行为协调问题,需要引入聚点策略,在简单案件中,规则或先例都不失为好的聚点，但是在疑难案件中，法官们可能无法对焦。

最后，必须指出的是，虽然本书采用的研究方法比较多变，但是主题却始终如一，不管是运用哲学、社会学、心理学、后果论、博弈论等学科或方法，都旨在揭示司法决策的现实主义色彩。

第一章　法律现实主义的司法决策思想

第一节　司法过程的性质:创造还是宣告

法律现实主义(legal realism)的理论对手是兰代尔一手开创的法律形式主义(legal formalism),法律形式主义深受近代科学思潮的影响,主张对法律进行科学的正当化,所以,法律形式主义是科学主义的。法律形式主义科学化的目标,是要将法律体系化:金字塔顶端的是一些基本概念和基本原则,由此出发或渐次推导出下一级的法律原则和规则,直至可以直接适用于具体案件的裁判规范——所谓裁判规范,指的是能被法官直接适用于当前案件的具体规则,它是法律体系中的最下位规则,也是与案件事实联系最为紧密的规则,是连接法律体系与案件事实的桥梁。[1] 法律形式主义科学化的方法则是归纳法，通过归纳既往的判例，得出具有普适性与融贯性的原则和规则。这样，分析实证方法和法律科学化的目标完美地结合在了一起，菲尔德曼（Stephen M. Feldman）在评价法律形式主义的这一工作时，准确地评论说："兰代尔主义者们是第一批试图在一个当时已经变为实证主义的世界中理解和合法化普通法体系的美国法理学者。而且，总体来讲，兰代尔主义者以那个时期典型的智识工具、方法和主张面对这一挑战：他们披着科学权威的外衣，他们搜寻有关现实的科学知识，并且他们用逻辑系统化了自己的发现。"[2]

法律形式主义科学化不仅体现在建构一套理性、严密、和谐的法律体系，而且还表现在将这套法律概念、法律原则和规则科学地应用到具体案件上，前者是归纳的过程，后者是演绎的过程，由于这一演绎过程被认为需要扼杀任何的能动空间，我们将其称为宣告性司法。[3] 宣告性司法认为司法裁判的过程，仅仅是将现成的法律规则或原则通过演绎覆盖到具体案件上，在这个近于机械的过程中，既不需要对法律规则或原则进行创造性地解释，也不需要费神对事实进行合理地剪裁，所以，司法裁判的过程，并不存在任何造法的可能性与必要性，完全是形式逻辑的工作。不过这里值得注意的是，法律形式主义者并不是直接将抽象的法律规则或原则直接应用于案件事实，而是通过裁判规范这个中介，裁判规范是能被法官直接适用于当前案件的具体化的规则，法律形式主义通过法律体系金字塔上层的原则和规则来演绎出具体的裁判规范，再将裁判规范应用于当前案件。所以，法律形式主义司法的操作规程严格来说包

---

① 参见秦策、张镭：《司法方法与法学流派》，人民出版社 2011 年版，第 61 页。

② Stephen M. Feldman, *American Legal Thought from Premodernism to Postmodernism: An Intellectual Voyage*, Oxford University Press, 2000, p. 93.

③ 关于宣告性司法与创造性司法的分别，请参见［美］本杰明·卡多佐：《司法过程的性质》，苏力译，商务印书馆 1998 年版，第 77 页。

含这样三个步骤:一是从以往若干判例中抽象出一般原则或规则,使用的是从特殊到一般的归纳推理方法;二是从一般原则或规则出发,推导出适用于当前案件的具体裁判规则,使用的是从一般到特殊的演绎推理方法;三是以推导出的裁判规则为大前提,以案件事实为小前提,获得个案的判决。① 不过,即便法律形式主义者是通过裁判规范来跨越抽象的法律规范与具体的案件事实之间的鸿沟,但是由于裁判规范是通过上层规范严格演绎得到,所以整个司法过程还是没有丝毫越轨的地方,其实,我们可以说,法律形式主义的司法裁判结果完全是通过上层规范到下层规范到裁判规范到案件结果这样一级一级演绎出来的。对于法律形式主义的这种墨守成规的宣告性司法,秦策、张镭两位论者将其总结为以下几点:(1)在性质上,司法过程是一种科学认识活动,即法官使用司法的"科学方法"来发现真正的法律并将其适用于当前案件的活动;(2)在角色认知上,法官不是纠纷解决者或社会工程师,而是法律的科学家,因此,应当保证司法行为的中立性与非人格化;(3)在运作方式上,由于法律体系是完备的,法律漏洞是虚拟的,法律概念是特定的,法律语言是明晰的,因此,司法过程是一个封闭而自足的体系,无须假诸法律之外的因素;(4)在案件性质上,每一个案件都是"平常案件"(plain case),因此,法官在裁判案件时不需要裁量乃至造法,所产生的判决结果是唯一的;(5)在判决效果上,强调法律适用的抽象正确性,而不是纠纷解决的具体妥当性,在法律效果与社会效果之间,强调的是法律效果。②

法律形式主义的上述思想,都可以在兰代尔的案例分析方法(case method)中找到或实现。首先,学生们通过分析既有判例,得出具有普适性与融贯性的原则和规则,所以,兰代尔郑重地告诫:"学生们必须把法

① 秦策、张镭:《司法方法与法学流派》,人民出版社2011年版,第63页。

② 秦策、张镭:《司法方法与法学流派》,人民出版社2011年版,第64~69页。

律视为一门从判决案例中寻找各种法律原则的科学。”①其次，学生们可以将归纳出的原则和规则演绎出裁判规范，再将裁判规范与待决案件结合，得出裁判结果。

法律形式主义的这种宣告性司法，一方面符合了法律科学化的时代浪潮，另一方面又符合了近代权力分立的基本观念，所以，一经出世，就被奉为圭臬。但是，愿望并不是实际，法律现实主义很快就看破了理想背后的幻象。法律现实主义者注意到，抽象的法律与具体的案件之间的巨大裂隙，绝不是通过一个似是而非的演绎推理就可以填补。法律是通过语言来表达的，而语言具有不精确性，正如现实主义的其中一位代表人物菲利克斯·科恩（Felix Cohen）所说：“对两个不同人来说，一个句子从来不可能精确地意指相同的事物……甚至，我怀疑，对我来说，任何一个句子在我第一次听到它时，与我第十次或第一百次听到它时，是否能够精确地意指相同的事物。”②即使法律规则的语言表达是清晰的，也不代表逻辑推理就是没有问题的，因为案件事实本身也要通过语言来组织或重建，要把一些法律术语按到事实之上，这一过程就是对事实的定性过程，用卢埃林（Karl N. Llewellyn，1893－1962）的话来说，就是对事实进行分类的过程，这一过程也充满了不确定性，卢埃林说：“即便这种文字形式的规则本身是确定的，依然面临着将案件中的事实问题进行分类的问题……此一分类问题是一种创造性的工作，而只有在分类之后，进行真正的法律推理才变得可能。”③

正是由于看到了事实与法律之间的非对称性，所以，法律现实主义从不认为法官只是在老老实实地应用一种纸面规则，相反，司法过程其

---

① ［美］罗伯特·斯蒂文斯：《法学院：19世纪50年代到20世纪80年代的美国法学教育》，阎亚林、李新成、付欣译，中国政法大学出版社2003年版，第73页。

② Felix Cohen, “Transcendental Nonsense and the Functional Approach”, *Colum. L. Rev.* 35, 1935, pp. 838－842.

③ Karl N. Llewellyn, *The Common Law Tradition*, Little, Brown and Company, 1960, pp. 11－12.

实是创造性解释法律、适用法律的过程，或者直接点说，是法官造法的过程。在法律现实主义看来，司法过程中法官表面上接受纸面规则的约束，但是，实际上，法官不可避免地偷运进去了各种社会因素或个人因素，从而改变了对于纸面规则的理解，篡改了法律，这就是司法性立法（judicial legislation）。立足于对司法过程的这一认识，法律现实主义拒绝了形式主义对于司法的幼稚看法，在现实主义者看来，司法过程绝不是一种简单地宣告法律适用的过程，而毋宁说一个伴随着法官造法的过程，司法过程中起作用的也主要不是逻辑，而毋宁说是经验，是法官对于社会人情的洞察和体悟。立足于这一认识，形式主义的司法被嘲笑为一种机械的司法，同样立足于这一认识，霍姆斯（Oliver Wendell Holmes，1841－1935）说出了脍炙人口的名言："法律的生命不在逻辑，而在经验。"①

正是由于持这种创造性司法观，法律现实主义进而也改变了对于法律的传统看法，传统的法律观主要关注的是纸面上的规则，而看清了纸面规则和实际规则之间巨大落差的法律现实主义则将目光投注在实际规则之上。具体而言，它的着眼点主要落实在法律系统内部的"官员行为"和法律系统外部的"社会行为"之上。② 在现实主义者看来，规则本身并不是法律，这种"官员行为"和"社会行为"才是法律，前者是纸面上的法律，是死的法律，后者是行动中的法律，是活的法律。庞德（Roscoe Pound，1870－1964）的论文《书本上的法律与行动中的法律》的核心思想正在于此，而这一区别又得到了现实主义者的普遍赞同，卢埃林和其他人坚信将书本上的法律与行动中的法律区别开来是非常重要的，必须运用"一种客观性的观察科学"方法对这一区别加以研究，并断言法律就是

---

①　O. W. Holmes，*The Common Law*，M. Howe ed.，Little Brown，1963，p. 5.

②　陆宇峰：《美国法律现实主义：内容、兴衰及其影响》，载《清华法学》2010 年第 6 期。

"法院以法之名普遍从事的行为"。[1] 法律现实主义这种行动中的法律观与传统的法社会学行动中的法律观有一定渊源,但是并不相同。传统的法社会学行动中的法律观主要研究的是除了国家法之外,还有哪些实际生效的规则,比如习俗、道德、宗教规范等;而法律现实主义行动中的法律规则是把法律本身就定性为"官员行为"和"社会行为"。从这样一个立场出发,我们就不难理解霍姆斯对法律的看法了,霍姆斯认为法律从来不是白纸黑字的书面规则,更不是从好人的角度来强加于法律的应然性的内容,而是赤裸裸的对于法官将要做什么的预测。[2]

第二节　司法裁判的主导因素:事实还是法律

按照传统的司法三段论,司法过程既要考虑法律因素,也要考虑事实因素,司法裁判的结果正是由事实与法律两个方面同时决定的。但是,由于着眼点和理论预设的不同,法律形式主义和法律现实主义却分别强调了法律或事实对于司法裁判的单方面决定作用。

法律形式主义认为司法裁判的主导性因素是法律。按照法律形式主义的机械司法观,司法判决是从法律中引申、推导出来的,其过程是:(1)上位规则推导出下位规则;(2)下位规则推导出裁判规则;(3)由裁判规则结合事实推导出裁判结论。[3] 整个司法裁判过程是一个演绎推理的操作。按照法律形式主义的这种演绎性的司法,裁判者并不是完全不考虑事实,但是很明显,事实是次要的,裁判者主要考虑的是法律,法律

---

① [美]罗伯特·R.萨默斯:《美国实用工具主义法学》,柯华庆译,中国法制出版社2010年版,第107页。

② [美]霍姆斯:《法律之道》,许章润译,载《环球法律评论》2001年秋季号,第323页。

③ 这里的上位规则、下位规则并不是效力位阶意义上的上位规则、下位规则,而只是演绎意义上的上位规则、下位规则,即下位规则从上位规则演绎而来。

合乎逻辑地演绎到事实之上,由此而生产出判决。法律形式主义的这种演绎性司法近乎有点不可思议,但是这里我们必须要理解的是,法律形式主义所预设的案件,乃是一种事实典型的案件,该种事实与规则中的行为模式是完全吻合的,所以,通过规则自上而下地演绎得出判决并不奇怪。比如,法律规定携带武器参加公众聚会构成犯罪,某人携带手枪参加公众聚会,由于手枪处于武器的意义核心,也就是说,手枪是武器的一种典型代表,所以,经过一个简单的演绎,则判决某人构成犯罪是顺其自然,合乎逻辑的。

然而,对于法律形式主义的这种演绎性司法,法律现实主义不以为然,认为这完全是不食人间烟火的幻想,法律现实主义针锋相对地提出了这样一种主张,即司法裁判的主导性因素不是法律,而是事实。实际上,法律现实主义认为,司法裁判即是对事实刺激的一种回应,这也就是法律现实主义的核心命题,即主张决定案件的,是法官对于事实刺激的回应,而不是法律规则或法律理由。布莱恩·莱特(Brian Leiter)认为这一命题是所有法律现实主义者所共同认可的核心命题。① 比如,奥利芬特(Herman Oliphant,1884 – 1939)就非常明确地指出,司法裁决是“对具体案件事实之刺激的回应”;②霍钦森(Joseph C. Hutcheson Jr.,1879 – 1973)也认为,决定案件的是法官面对事实的是非感;③弗兰克(Jerome Frank,1889 – 1957)则征引大法官肯特的话来说,法官首要的是掌握事实,然后,“我看到了正义的所在之处,有一半的情况是道德感决定了法院的判决,”至于法律规则并不是最重要的,甚至是无足轻重的,因为虽然“我有时可能会被一些技术规则所困扰”,但是,最终,“我又几乎总能

---

① Brian Leiter, *American Legal Realism*, *in* W. Edmundson &M. Golding (*eds.*), *The Blackwell Guide to Philosophy of Law and Legal Theory*, Blackwell, 2005, p. 52.

② Herman Oliphant, “A Return to State Decisis”, *American Bar Association Journal* 14, 1928, p. 75.

③ Joseph C. Hutcheson Jr., “The Judgment Intuitive: The Function of the ‘Hunch’ in Judicial Decisions”, *Cornell Law Quarterly* 14, 1929, p. 285.

够找到适合我关于案件观点的原则。”①卢埃林则建议律师说，一个律师应该做的是，“在事实的基础上……说服法院作出合理的判决。”②弗兰克也有类似的看法，“赢得一桩官司无非就是要法院作出对你有利的决定，对此，我们唯一要做的事就是引用一个支持你的先例。”③

法律现实主义认为法律是对事实刺激的一种反应，这一观点显得与法律形式主义针锋相对，究其原因，是因为法律现实主义的目光更多地投注在疑难案件之上，疑难案件的裁判结果并不能经由“上位规则——下位规则——裁判规则——裁判结论”这样顺其自然地演绎出来，因为疑难案件的事实并非一种行为模式中的典型事实，因此，对于此种非典型事实的归类，必须要结合对法律的创造性解释来进行，而把握这一过程之航向的，还是每个人内心的常识、社会认知、正义感等。

值得注意的是，法律现实主义主张司法裁判是由事实主导的这一命题，具有以下几点含义：④

首先，这一命题不仅仅主张司法裁判需要考虑案件事实这样的“正确的废话”式的弱命题，它是一种更加强的命题，它主张司法裁判的结果是法官对案件事实反应的体现，这里的案件事实，既可能是具有法律意义的事实，也可能是在法律上无关紧要的事实，实际上，无论是法律事实还是单纯的自然事实，只要法官对此有所反应，这种反应本身就是判决，所以，事实可以脱离法律而成为法官判决的基础。

其次，主张司法裁判是由事实主导的这一命题，并不是说司法判决就一定是与法律规则完全无关的，而只是说，司法判决主要是由事实决定的，法律规则只发挥着并非举足轻重的影响，正如卢埃林所认为的，规

---

① Jerome Frank, *Law and the Modern Mind*, Peter Smith, 1970, p. 112, note3.

② K. Llewellyn, *The Bramble Bush*, Oceana Publications, 1960, p. 76.

③ Jerome Frank, *Law and the Modern Mind*, Peter Smith, 1970, p. 102.

④ See Brian Leiter, *American Legal Realism*, *in* W. Edmundson & M. Golding (*eds.*), *The Blackwell Guide to Philosophy of Law and Legal Theory*, Blackwell, 2005, p. 53.

则与裁判结果之间的关联是存在的,但是规则与裁判结果之间的关联并不是必然的或者逻辑性的,也就是,规则与裁判结果并不存在因果关系。

最后,这一命题还导致了更加激进的主张,比如奥利芬特的“回归先例”主张。① 奥利芬特认为,由法院和学者藉由先例所阐发的规则是非常泛化和抽象的,以至于完全遮蔽了争议案件最初的事实背景,而脱离这些事实背景来单纯考虑抽象规则是完全没有价值的,所以,法院必须重新回归到先例,即回到据以阐发法律规则的初始的案件事实,以事实为基础来理解先例规则,才能获致真正的理解。

第三节 司法决策的不确定性:可预测还是不可预测

现实主义的法律思想,其实归根结底源于现实主义者们对于司法的看法,虽然现实主义者们对于司法过程的看法分歧很大,但是他们无一例外地认为法官拥有很大的自由裁量权,法官对于法律的理解是一个充满能动性、创造性的工作,许多因素都会影响法官对于法律的理解,因而司法过程充满了不确定性。之所以如此,是因为司法决定归根结底是由事实引导的(fact-guided)的,对法律的理解要结合案件事实来进行,而案件事实却是面相殊异的。

至于到底哪些因素影响了司法,根据这些因素的可预测性与否,布莱恩·莱特将法律现实主义者分为两大派别:社会科学之翼(sociological

① See Herman Oliphant, “A Return to Stare Decisis”, *American Bar Association Journal* 14, 1928.

wing)和个人习性之翼(idiosyncracy wing)。[①] 前者以卢埃林、奥利芬特、卡多佐(Benjamin Nathan Cardozo,1870 – 1938)、摩尔(William Underhill Moore,1879 – 1949)、科恩为代表,他们都主张虽然司法决策是不确定的,但是导致这种不确定的因素却从社会科学意义上来说是可以预测的;后者的代表人物主要是弗兰克和哈钦森,他们主张不仅司法决策是不确定的,而且导致这种不确定的因素本身也是不可预测的,主要是指每个法官的个性、性情、偏见、直觉、预感等。

(一)法律现实主义的社会科学之翼

法律现实主义的社会科学之翼认为影响司法过程的因素是可预测的。其中最出名的是卢埃林的“类型情境”学说。卢埃林认为司法过程是由事实引导的,其步骤是:(1)理解案件事实;(2)根据事实作出决定;(3)为决定寻找法律上的理由;(4)撰写包含法律论证的司法意见书。[②] 按照这一理解,法律决定是基于事实而产生,却用法律来加以修辞。因此,法官必须考虑个案事实,个案事实虽然殊异多端,但在卢埃林看来却并不是不可捉摸的,因为个案事实自有其类型,这就是类型情境(type-situation)。类型情境不同于个案情境,个案情境完全是个异化的,因案而异的,但是类型情境却较为固化,事实上,类型情境是介于个案细节和抽象法律之间的中间层面,它既不会像个案事实那样无从拿捏,也不像抽象法律那样抹杀个案差异,它是“恰到好处”的。卢埃林说:“要注意的事实并非那些非常细节化的事实,不是那些有关某个交易或者交易方的事实,而是作为背景的事实、商业惯例的事实以及类型情境的事实,只

---

① See Brian Leiter, *American Legal Realism*, *in W. Edmundson & M. Golding (eds.)*, *The Blackwell Guide to Philosophy of Law and Legal Theory*, Blackwell, 2005, p. 54.

② See Karl N. Llewellyn, “The Case Law System in America”, *Columbia Law Review* 88, 1988, p. 1011.

有这些事实才是当事人和法官应该加以考量的。”①卢埃林认为，类型情境并不是不可捉摸的，有经验的法官会形成情境感(situation sense)，又被称为正义感，卢埃林说：“法官对于新的事实情境及其意义的洞察力，在个案中通常被称作‘正义感’。”②于卢埃林而言，正是这种类型情境抑制了法官的任性，保证了司法裁判的基本稳定性，因为法官的主观情感虽然会扰乱案件，但是类型情境却像海流一样控制着大局，“情境类型对于相关情感和公正感所施加的压力和拉力，具有一种类似于平稳但有力的海流对于回头浪那样的意味和效果。它稳固的拉力可能不知不觉间发挥着作用。”③值得注意的是，卢埃林后来领导编纂的《统一商法典》就反映了情境主义的理念。该法典区分了交易类型、当事人类型、市场类型等各种类型情境，强调了诸如“所有权”“要约”“承诺”等抽象法律概念的情境意义(situation-sense)，甚至每个条款都附带理由，力图阐明规则的适用情境。④

另一位现实主义者奥利芬特则倾向于从行为科学的角度来说明司法决策的可预测性。巴普洛夫(Ivan Pavlov,1849 - 1936)对狗的研究和拉什利(Lashley Karl Spencer,1890 - 1958)对老鼠的研究建立了“条件反射”的概念，约翰·华生(John Broadus Watson,1878 - 1958)则在他们研究的基础上研究人的行为，认为人的行为也是对外界刺激的线性反应，一旦掌握了“刺激——反应”的规律之后，便可以对人的行为进行比较有把握的预测。沃森大众化了的行为主义成为奥利芬特理论的出发点，奥

---

① Karl N. Llewellyn, *The Common Law Tradition*, Little, Brown and Company, 1960, p. 126.

② Karl N. Llewellyn, “The Case Law System in America”, *Columbia Law Review* 88, 1988, p. 1011.

③ Karl N. Llewellyn, *The Common Law Tradition*, Little, Brown and Company, 1960, p. 245.

④ 陆宇峰：《美国法律现实主义：内容、兴衰及其影响》，载《清华法学》2010年第6期。

利芬特因此声称"每一个案件都是一种司法行为的记录",对法官行为的观察无须考虑法官在判决意见中所说的话,无须考虑法官的"有声语言行为",只需围绕他们的"非有声语言行为",我们就能理解并且预测司法判决。① 如果行为只是对刺激的一种反应的话,那么判决是对什么的反应呢?奥利芬特认为,判决就是"对事实刺激"所作出的反应。不过,如果事实是千变万化的,那么刺激就是千变万化的,反应也就是千变万化的了,那么,司法预测就是根本不可能的了。对此,奥利芬特通过考察既有判例认为,事实并不是千变万化的,而是有固定类型的(从这个意义上来讲,奥利芬特甚至比卢埃林更早发现了类型情境的秘密)。比如对合同中承诺不与对方竞争的条款,既有的判例有的确认了该承诺的效力,有的却又否认了该承诺的效力,这看起来似乎令人无所适从,但是奥利芬特却发现了杂乱背后的章法,这就是案件的事实类型。奥利芬特发现,如果是商业交易的卖方承诺不与买方进行竞争,法庭会倾向于确认该承诺的效力;如果是雇佣关系中的雇员承诺不与雇主竞争,法庭会倾向于否认该承诺的效力。这正是法律中没有规定但在实践中得到普遍接受的商业习惯。② 在奥利芬特看来,事实是类型化的,而判决又是对类型事实的线性刺激反应,那么,只消我们掌握了事实的类型,对判决作出预测也就一点也不难了。

现实主义者摩尔则提出了一种同样可预测的"制度性方法"(institutional method),③摩尔的核心理念是:首先界定制度性的正常行为,然而厘清并测量异常行为偏离正常行为的幅度,要尽量找到异常行为合法与非法的临界点,也就是说,在临界点之内,该异常行为仍然是制

---

① See Jerome Frank, *Courts on Trial: Myth and Reality in American Justice*, Princeton University Press, 1973, p. 159.

② See Oliphant, "A Return to Stare Decisis", *American Bar Association Journal* 14, 1928, pp. 71 – 75.

③ See Underhill Moore & Theodore S. Hope, "An Institutional Approach to The Law of Commercial Banking", *The Yale Law Journal* 38, 1929, pp. 703 – 719.

度可以容忍的，在临界点之外，该异常行为将会被法院宣告为非法，并加以处罚。摩尔的主要目标是提出一种可预测性公式，即某种行为一旦偏离制度性行为的程度达到X级别，则法院将会作出应有的反应。① 显然，摩尔的"制度性方法"是可预测的，虽然摩尔也承认，法官的行为受到心理、文化等各种因素的影响，但是他仍乐观地坚持司法裁判的可预测性，他把法律预测与天气预报进行了类比，摩尔说："对裁判过程的预测，甚或是对特定判决的预测，也许至少可以具有类似于对于气象学家来说所具有的那种可能性。对17世纪的天气预报来说具有开放性的研究过程，对今天的法律人和国家机关的研究者来说同样是开放的；现在，将某种特定的测量方法严格适用于可能是固定不变的单元中的有限变量，并且以这些单元为基础来表述这些变量之间的关系，就如同过去研究天气预报一样在程序上是可行的。就像今天的美国农夫在作出决定时考虑天气因素和历法一样，法律人在进行裁判时，会把一些文化和心理方面的研究成果、法律全书以及他对以上文化和心理因素随机进行的直观评价一并加以考虑。"②

（二）法律现实主义的个人习性之翼

法律现实主义的个人习性之翼认为影响司法过程的因素是不可预测的。虽然他们与社会科学阵营的法律现实主义者同样认为司法判决是受事实引导的，③但是个人习性阵营的现实主义者更加注意的是法官个人的个性、性情、偏见、直觉等非可控因素对司法裁判的影响的，这导

---

① See Brian Leiter, *American Legal Realism*, *in W. Edmundson & M. Golding (eds.)*, *The Blackwell Guide to Philosophy of Law and Legal Theory*, *Blackwell*, 2005, p. 55.

② Jerome Frank, *Courts on Trial: Myth and Reality in American Justice*, Princeton University Press, 1973, p. 338.

③ 莱特据此认为法律现实主义的核心主张是："在司法裁判过程中，法官回应的首要是案件事实的刺激，而不是法律规则和理由。" See Brian Leiter, *American Legal Realism*, *in W. Edmundson & M. Golding (eds.)*, *The Blackwell Guide to Philosophy of Law and Legal Theory*, Blackwell, 2005, p. 52.

致他们认为司法决策是不可预测的。

以弗兰克和哈钦森为代表的美国法律现实主义的个人习性之翼认为决定司法裁判的是法官个人的个性心理因素。弗兰克声称:“法官的个性是决定法律操作的关键因素。”①比如,在个性因素影响下,法官可能对金发女郎、胡子拉碴的男子、南方人、意大利人、水管工、神父、民主党人等产生或正面或负面的反应,甚至当事人的某种鼻音、咳嗽声或肢体语言产生痛苦或愉快的回忆。② 基于这一认识,弗兰克批评了法律形式主义的司法公式:R(rule,法律规则)×F(fact,事实)=D(decision,判决),弗兰克提出法律现实主义的公式是:S(stimulus,围绕案件对法官的刺激)×P(personality,个性)=D(判决)。由于弗兰克主要关注点是在初审法院的事实认定上,所以这一公式又可以写成:R(规则)×SF(subjective fact,主观事实)=D(判决),即法官个性主要表现在对于事实的认定过程中,事实并非客观事实,而是非常主观的张三或李四眼中的事实。③

弗兰克深受弗洛伊德(Sigmund Freud,1856－1939)精神分析理论的影响,所以他主要的关注点是法官的个性因素。精神分析与行为科学不同,行为科学竭力要回避个人心智这个黑匣子,而精神分析恰恰是要处理它。不过,虽然精神分析处理的是潜意识中各种不可预测的因素,但仍不失为一项科学的事业。弗兰克也因此视他的工作是法律科学的一部分。

根据弗洛伊德的精神分析学,个性是出于深层的潜意识,它默默地起作用,人们对它缺乏准确的认识,更遑论对它加以控制了。弗兰克据此认为,司法行为的旁观者也绝不可能对影响司法裁判的因素作出准确

---

① Jerome Frank, *Law and the Modern Mind*, Peter Smith, 1970, p. 111.

② See Jerome Frank, *Law and the Modern Mind*, Peter Smith, 1970, p. 115.

③ 张宏生、谷春德主编:《西方法律思想史》,北京大学出版社1990年版,第419页。

的判断与预测,这样,弗兰克就得出了极为悲观的结论,即司法决策是不可预测的。对于那些认为司法决策具有可预测性的观点,弗兰克斥之为一种“恋父情结”,意味着这些人对于司法可预测性的寻求就像是童年时代的我们对于父亲“撑起一片天”的渴望一样。①

弗兰克打着精神分析的旗号,最后得出了法律本身是无法预测的结论。这一结果也逐渐导向了法律现实主义的激进怀疑主义,甚至导向了无厘头的“美食法理学”(gastronomic jurisprudence),该学说主张“法官的早餐决定了当事人的命运”。②

法律现实主义的个人习性之翼另一位代表哈钦森则强调了直觉的作用,在1929年的《法官的直觉:司法判决中预感的功能》一文中,哈钦森指出,司法决策并不是我们通常想象的那样通过理性推导而合乎逻辑地得出的,而毋宁是通过直觉得到的。法官“实际上是凭感情、凭预感而不是凭推理在断案”,推理只是法官在得出结论后为了正当化自己的结论而在判决意见中写的某种修饰语,所以,判决意见只不过是法官“自我证明其判决”的一份辩解书罢了,其目的是为了“让它通过批评者的检视”。③ 既然,法律推理不过是回溯性的,真正决定司法判决的却是直觉、预感或情感之类虚无缥缈的东西,那么,司法判决在本质上就是不可预测的。值得注意的是,哈钦森的直觉决定论在今天来看依然有合理的部分,丹尼尔·卡尼曼(Daniel Kahneman)认为,我们每个人身上都有两个系统:系统一进行的是捷径思考,捷径思考是不费力气的、无意识的、不由自主的、不受控制的;系统二是要调动注意力去做费力的心智活动,

---

① See Brian Leiter, *American Legal Realism*, *in W. Edmundson & M. Golding (eds.)*, *The Blackwell Guide to Philosophy of Law and Legal Theory*, Blackwell, 2005, p. 54.

② [美]罗伯特·R. 萨默斯:《美国实用工具主义法学》,柯华庆译,中国法制出版社2010年版,第21页。

③ Joseph C. Hutcheson, "The Judgment Intuitive: The Function of the 'Hunch' in Judicial Decisions", *Cornell Law Quarterly* 14, 1929, p. 274.

理性思考,是有意识的、可控制的。[①] 我们在面对问题时,系统一总是会直觉地作出反应,这是无法阻止的;同样,法官在面对案件时,系统一也会直觉地作出判断,这也是无法控制的。所以,无怪乎哈钦森的直觉理论得到了弗兰克的衷心赞同,弗兰克认为,哈钦森对于司法直觉的描述是"对所有法官如何思考的大体正确的说明"。[②] 不过遗憾的是,哈钦森并没有对直觉本身进行比较系统的考察,简单地把直觉等同于随意性了,而忘了直觉也是跟经验、训练等息息相关的,比如,经过长期训练的西洋棋大师可以直觉地选择最合理的走法,并且直觉还要接受系统二的检验,因而不一定就是无章可循的。[③] 所以,虽然霍姆斯也同样强调了直觉的作用:"一般命题不能决定具体案件,结果更多地取决于判断力和敏锐的直觉而不是清晰的大前提。"[④]但是同时,霍姆斯也坚持了司法判决的可预测性。

第四节　结语

从根本上来说,法律现实主义者们对司法问题的看法在一点上保持了一致,即他们都反对法律形式主义那种僵死的宣告性司法主张。但是在揭示司法创造性一面的时候,他们在具体方向上却分道扬镳了:有的学者主张是一些可预测性因素主导了司法过程;另外一些则主张主导司法过程的因素取决于个人因人而异的习性,因而本质上是不可预测的。

法律现实主义的首要贡献,是打破了法律形式主义司法自欺欺人的

---

① [美]丹尼尔·卡尼曼:《快思慢想》,洪兰译,远见天下文化出版股份有限公司2012年版,第39页。

② Jerome Frank, *Law and the Modern Mind*, Peter Smith, 1970, p. 112.

③ 参见[美]丹尼尔·卡尼曼:《快思慢想》,洪兰译,远见天下文化出版股份有限公司2012年版,第314页。

④ Lochner v. New York, 198 U. S. 45, 76(1905).

幻象,从简单明确、封闭完美的法律概念体系中演绎出司法结论,这一图像虽然美好却不真实。问题的根本在于,形式主义没有尊重事实在司法过程中的基础性地位,相反,形式主义选择性地看到法律的单方面决定作用,因而从根本上颠倒了社会与法律之间的关系,未免有削足适履之感。法律现实主义敏锐地意识到了这一颠倒,无情地刺破了理想的肥皂泡,要求根据事实来建立司法结论,实际上是恢复了法律与社会的本来关系。

在笔者看来,法律现实主义对于事实地位的恢复是其最突出的贡献,也是留给我们的最重要的启示之一。司法裁判绝不应理解为只是在适用已经制定好的法律,甚至为此不惜牺牲事实的本来面目,而毋宁是,裁判者应根据事实来检验法律、调整法律,甚至是要准备好改变法律。从这个意义上来说,整个近代以来占据支配地位的立法与司法的关系都应加以检讨,司法绝不是权力分立体制下的被动适用角色,而是立法的进一步延续,同时,任何立法都应被视为处于未完成状态,①只有到每一次司法裁判中才最终得以完成。

尽管现实主义者们都注意到了事实在司法过程中的主导性地位,但是他们此后对于事实的描述和评价却出现了分化。具体而言,处于社会科学之翼的现实主义者们更多的是根据法律与事实的本来面目来评价事实的,所以,事实自有其情境类型,事实是类型化的事实,对于类型化的事实,也有类型化的反应,所以,判决虽然是不确定的,但是还是可预测的。而对于处于个人习性之翼的法律现实主义者们来说,他们更多地看到的是因人而异的主观化事实,这种事实被打上了太多的个人烙印,它们如此殊异以至于不可能类型化,对于这种因人而异的事实,裁判者的反应也是各异的,所以,司法决策最终是无法预测。

---

① 参见周赟:《论立法的待续本质——从用法者角度看立法的本质》,载《哲学研究》2014 年第 6 期。

这就是法律现实主义最终呈现的两种立场：一种激进，认为司法裁判本质上不可预测；一种温和，认为司法裁判虽然不确定但还是可预测。单纯从认识论上来说，这两种立场都有自己的价值，都能为我们认识司法过程提供某种新知识、新视角。实际上，这两种立场是可以相互说明的：一方面，事实确实有着情境类型，对于事实的类型化不受裁判者个性因素左右；另一方面，裁判者的个性因素又确实在某些案件中影响到对事实的认定。

第二章　批判法学司法决策思想

第一节　批判法学家论司法的政治性

(一)昂格尔论司法的政治性

在《知识与政治》和《现代社会的法律》中,昂格尔(Roberto Unger)揭示了自由主义国家所存在的两个基本矛盾:①一个矛盾是立法的二律背反,即在自由主义国家中,由于社会价值的多元化,立法不可能存在并依赖一个能够满足自由主义道德的中立程序,能够抹平所有的价值主张,实际上,所谓的中立性立法程序不过是价值争斗的竞技场,一会儿是东风压倒了西风,一会儿又是左派战胜了右派,所以,自由主义国家的法律也是价值破碎的,有些立法体现了X价值,另一些可能就体现Y价值,法

---

① See Roberto Unger, *Knowledge and Politics*, Free Press, 1975, pp. 83 – 88. Also see Roberto Unger, *Law in Modern Society*, Free Press, 1976, p. 180.

律是不融贯的，甚至是矛盾的。一个矛盾是司法的二律背反，即在司法活动中，也不存在一个能够满足自由主义道德的中立的解释程序，在司法过程中，法律解释总是根据法官的政治意识形态来进行，由于法律本身的非融贯性与矛盾性，法官总是可以选择一个符合自己意识形态的法律来支持自己的结论，最终的司法结论不过是这种政治态度的背书而已。

对昂格尔来说，之所以会出现立法与司法的二律背反，关键在于人类在做立法选择和法律解释时，实际上是在做价值判断，因此，也就离不开立法者和解释者的价值观念，而致命的问题在于，自由主义社会是价值多元的，它不可能像中世纪那样只尊重一种基督教道德，或者像中国儒家那样只尊重一种儒家道德，价值多元化必然导致立法和司法判断的多元化，最后就是立法与司法的不融贯和矛盾化。比如，在联邦法院有没有权利颁布禁止令命令罢工工人复工的问题上，1932 年的诺里斯—拉瓜迪亚法案(Norris-Laguardia Act)否认法院有颁布禁止令的权利，而 1947 年的塔夫脱—哈特利法案(Taft-Hartley Act)则授权联邦法院有执行包含禁止罢工条款的劳动合同的权利，如果工会合同中恰好包含这样的禁止罢工条款的话，就给了法院两可的机会。事实上，联邦法院就是这么做的，在较早的辛克莱冶炼厂诉阿特金森案(*Sinclair Refining v. Atkinson*)中，最高法院禁止颁发禁止令；而在后来的鲍伊斯市场诉零售职工工会案(*Boys Markets v. Retail Clerk's Union*)中，最高法院又否决了辛克莱案的结果。昂格尔指出，布伦南(William Joseph Brennan)法官的推理看起来煞有介事，其实不过是他个人价值立场的表达而已。①

（二）肯尼迪论司法的政治性

对于自由主义国家法律的非融贯性与矛盾性，邓肯·肯尼迪

① See Andrew Altman, *Critical Legal Studies: A Liberal Critique*, Princeton University Press, 1990, p. 64.

(Duncan Kennedy)也深表赞同,他在《私法裁决中的形式与实质》着重指出的就是这一点。肯尼迪指出,法律规范在形式上可以从规则(rules)的角度理解,也可以从标准(standards)的角度来理解。① 从规则的角度来理解的话,意味着法律规范是比较明确的,其优点是限制了法官的自由裁量权,但是缺点则可能是比较僵化;从标准的角度来理解的话,意味着法律规范是比较弹性的,其优点是比较灵活,但是缺点是易于被官员滥用。传统的观点认为,这两种有关形式的观点都可以成立,最终采取哪种形式要看谁更有效的适合于规范的具体目标。肯尼迪则认为,这两种有关形式的观点其实是与特定的价值观念联系在一起的,“支持规则和支持标准的观点……要求人们在人类的系列价值和观念之间进行选择。”②肯尼迪通过考察指出,将法律规范视为规则的人往往持有个人主义的实质伦理观念,而将法律规范视为标准的人往往持有利他主义的实质伦理观念。③ 这里值得注意的是,肯尼迪并不主张持有个人主义实质伦理观念的人会必然地赞同规范的规则形式,而持有个人主义实质伦理观念的人会必然地赞同规范的标准形式,根据凯尔曼(Mark Kelman)的解读,规则形式与个人主义、标准形式与利他主义之间的关联是微弱的,仅仅是一种“美学上的”关联。④ 奥尔特曼(Andrew Altman)则认为这种关联尽管不是必然的,但是仍然是“令人信服”的,因为个人主义主张个人自立,而严格的规则有助于个人自立;而利他主义主张人际互惠,含糊

① See Duncan Kennedy, “Form and Substance in Private Law Adjudication”, *Harv. L. Rev.* 89, 1976, pp. 1687 – 1688.

② Duncan Kennedy, “Form and Substance in Private Law Adjudication”, *Harv. L. Rev.* 89, 1976, p. 1712.

③ See Duncan Kennedy, “Form and Substance in Private Law Adjudication”, *Harv. L. Rev.* 89, 1976, pp. 1738 – 1740.

④ See Mark Kelman, *A Guide to Critical Legal Studies*, Harvard University Press, 1987, p. 17.

的标准则有助于人际互惠。[1] 但是,无论规则与个人主义、标准与利他主义之间的这种联系是强烈的还是微弱的,谁都无法否认这种联系的存在。肯尼迪的分析引导我们得出这样一个结论:在法律规范的形式背后,往往隐藏着截然不同的甚至相互矛盾的实质价值观。也就是说,从价值观的角度来看,法律是内在不协调的甚至是支离破碎的,因为它反映的是相互矛盾的多元化价值,比如,它一会儿反映的是个人主义,一会儿又反映了利他主义。立法如此,司法亦然,司法本质上是政治性的,因为法官在面对一个案件时,面对着含糊其词的法律,他既可以采纳个人主义的解释,也可以采纳利他主义的解释,司法决策不过是政治意识的一种反映。

在《判决的批判》中,肯尼迪的这一立场再次得到了鲜明的表达,该书的核心主张,就是司法决策是政治性的。[2] 在该书中,肯尼迪首先指出,规则和材料对法官的约束只是"象征性的",法官往往借着对规则的选择、解释和界定,暗中输入自己的意识形态,所以,司法并不是在用法,而是在立法;随后,肯尼迪基于一项基本洞见即"政策是意识形态的一个潜在木马",对司法中立之不可能性展开了进一步的论证;最后,肯尼迪探讨了司法决策中存在的三种效应,即中和效应、授权效应和正统化效应。中和效应是通过司法解释缓和或者说抵销成文法的效力;授权效应是授权法官自行解决意识形态冲突问题;正统化效应通过这样的判决制度使现状合法化。这三个效应其实就是三个步骤,通过这三个步骤,立法被抵制,司法立法取而代之,最后,这种法官造法并司法的现状被合法化。[3] 很明显,按照肯尼迪的解构,司法中立性是不存在的,司法决策是

---

① See Andrew Altman, *Critical Legal Studies: A Liberal Critique*, Princeton University Press, 1990, pp. 114 – 117.

② 於兴中:《基本矛盾、虚假的必然性与司法裁决的意识形态性质——邓肯·肯尼迪的〈司法裁决批判〉简评》,载《比较法研究》2010 年第 4 期。

③ [美]肯尼迪:《判决的批判》,王家国译,法律出版社 2012 年版,代译序 6 ~ 8 页。

政治性的。

(三)博伊尔论司法的政治性

在《侵权课程的解剖学》中,博伊尔(James Boyle)仔细分析了法律过程中存在的种种矛盾,博伊尔指出,法学院中精心培训的法律人思维其实是一种诡辩术,任何一个主张都可以找到支撑性理由,正方的主张可以找到理由,反方的主张也可以找到同等有力的理由,司法结论看起来像是推理出来的,但是这只不过是假象,实际上这些判决完全建立在政治、道德和经济的观点上。

对于这种古希腊诡辩术一样的法律思维技巧,博伊尔分成有先例遵循和没有先例遵循两种情况进行了讨论。首先,在有先例可以遵循的时候,先例论证技巧是两对矛盾的组合:(1)形式解释和目的解释。形式解释主要就是按照语言的字面含义来进行解释;而目的解释则是要按照规则所服务的目的来解释。形式解释比较严格,而目的解释则比较自由,两者的解释结果往往并不一致,甚至截然相反。裁判者可以自由选择两种解释中的一种,就看哪一种解释结果更符合他的意识形态了。(2)扩张解释和限制解释。扩张解释可以进行分类和类比,限制解释则要严格联系事实,这两种方法的灵活使用同样服务于政治选择。其次,在没有先例的时候,可以使用的论证方法包括了五组两可的技巧:(1)第一种是形式可能性论证,包含了两种对立的观点,一种认为规范是规则,是严格的,一组认为规范是标准,是灵活的。(2)第二种是制度性论证,一方主张由法院对权利进行认定,另一方则主张立法机关才有权认定。(3)第三种是道德论证,一方主张某种道德理由,比如自由,另一方则针锋相对主张另一种道德,比如安全。(4)第四种是社会效用论证,一方主张灵活性会促进社会效用,另一方则主张稳定性会促进社会效用。(5)第五种是经济分析论证,一方主张处罚更符合经济学法则,另一方则主张不处罚更符合经济学法则。[1] 显然,博伊尔想要说明的是,在这五组论证技巧里面,任何一种方法都有对立面,而且同样言之成理,博伊尔想要得出的结论则是,司法决策并不是推理出来的,而是在矛盾的方法中选择一个,这其实是政治决策。

(四)凯尔里斯论司法的政治性

凯尔里斯(David Kairys)同样认为司法过程中的法律——政治区分是站不住脚的,司法决定并不是基于法律理由而作出的,而是基于政治决策而作出的。凯尔里斯将着眼点放在了法院对先例的选择和采纳上,凯尔里斯指出,普通法的先例往往是相互矛盾的,法官之所以选择一个先例,而舍弃另外一个先例,完全是看哪个先例更合乎社会背景、宗教观念、道德意识、政治立场,归根结底还是法官的意识形态。

比如在表达自由的问题上,1897 年的戴维斯诉马萨诸塞州案(*Davis v. Massachusetts*)中,戴维斯牧师在公园散发传单和演讲的行为被视为非法,即使 1791 年的《美国宪法第一修正案》明确规定了公民的表达自由权。不过 1939 年代,在海格诉工业组织委员会案(*Hague v. Committee for Industrial Organization*)中,工业组织的表达自由权又得到了确认。美国法院的态度看起来有点反复无常,奥妙就在于社会语境的改变,因为 1791 年的《美国宪法第一修正案》旨在限制联邦政府的权力,表达自由只是作为一项"以权利限制权力"的措施而提出,表达自由本身并没有得到足够的重视,但是到了 20 世纪 30 年代,劳工运动的壮大改变了原来的社会力量对比,而表达自由正是劳工组织致力于扩大的权利范围。凯尔里斯据此认为,法官对先例的选择、采纳乃至推翻背后,真正起作用的乃是政治力量、社会背景、意识形态的因素,而这些从法律分析中是无法

---

① See James Boyle, "The Anatomy of a Torts Class", *American University Law Review*, Summer, 1985, pp. 1051 – 1062.

看出端倪的。[①]

（五）加贝尔论司法的政治性

在《法律推理的具体化》一文中，加贝尔（Peter Gabel）提出了这样一种洞见，即法律推理具有保守性，它往往致力于维护现有的制度和文化。加贝尔是如何得出这样一个颇有批判性的结论的呢？原来，加贝尔认为法官的思维活动分为三个运动：第一个运动是法官先行领略和把握制度总体的过程，就像一个婴儿出生下来打量这个世界一样，法官也认知、接受现行制度，显然，这个过程是不带批判眼光的，就像婴儿把他身处的家庭、社会视为理所当然一样，法官也内在地接受了现行制度，哪怕这个制度其实存在很多很严重的问题，婴儿般的法官也觉察不出；第二个运动是法官把社会生活视为"先决秩序"（presupposed norm），而将违法犯罪视为"失范"（disequilibration）的过程，这一过程紧接前一个过程而来，既然法官将现行制度视作天经地义、理所当然，那么，当前的社会秩序在他看来就必然是一种"先决秩序"，而对当前秩序的任何破坏行为，也就是民事、刑事案件，也会被理所当然地看成是"失范"，应该予以惩罚；第三个运动就是具体的概念分析，它包括两个过程，首先是从先决秩序中导出各种概念，如诈骗，再将这些概念应用于具体案件，如某人被定为诈骗罪。通过法官大脑中的这三个运动，我们成功地将任何破坏现有秩序的人们定为违法者，从而维护了现有秩序。[②] 很明显，加贝尔对传统的法律推理进行了富有讽刺性的解构，法律推理看起来是确定的，是法律化的，实际上却受制于现行制度，是高度不确定的，本质上是政治性的。

---

① See David Kairys, *Legal Reasoning*, in *The Politics of Law: A Progressive Critique*, Random House, 1982, pp. 11 – 17.

② See Peter Gabel, *Reification in Legal Reasoning*, in *Marxism and Law*, John Wiley and Sons, 1982, pp. 262 – 278.

第二节　拼凑命题与司法的政治性

批判法学的一众干将之所以异口同声地主张司法的政治性，其根源在于批判法学的拼凑命题（patchwork thesis）。所谓拼凑命题，即认为法律理论是由来自于互不相容伦理观念为基础的诸多规范构成的一个毫无内在一致性的大杂烩。[①] 根据奥尔特曼的解释，拼凑命题包含两个相互联系但又不尽相同的主张：首先，从一系列相互一致的基础原则中引申出法律规范，从而建构一个具有融贯性的法律体系的努力是不可能成功的；其次，不能成功的原因在于，一些基础原则可能来自一个特定的伦理观念，比如个人主义，另一些基础原则可能来自一个不能相容的特定伦理观念，比如利他主义。[②] 依照批判法学对于自由主义的批评，在价值多元化的社会中，正是相互冲突的伦理价值导致了相互抵牾的基础原则，而相互抵牾的基础原则又导致了相互矛盾的法律规范。按照批判法学的看法，则有机和谐的法律体系是根本不可能存在的，法律体系只能是一个毫无原则的大杂烩，这就是批判法学的核心命题——拼凑命题。

在批判法学看来，有机和谐的法律体系之所以根本不可能存在，是因为自由主义国家的价值多元化特征所导致的，对此，我们不妨仔细分析一下其间的逻辑关系或因果关系。现代以来，理想的社会形态据说是一种自由主义的社会，自由主义的社会是在涤荡了古典的哲学和神学所预设的真理根基之后所建立的，它不再承认任何真理，不管是柏拉图的理念还是基督教的上帝，所以它也不知道对错的判准，事实上，它假设任

---

① Andrew Altman, *Critical Legal Studies: A Liberal Critique*, Princeton University Press, 1990, p. 105.

② Andrew Altman, *Critical Legal Studies: A Liberal Critique*, Princeton University Press, 1990, p. 117.

何言论都是没有对错的，没有任何一种言论比另一种更接近真理，所以，任何言论都有存在的空间，任何人都可以发展自己的信念，而无须放弃自己的意见，接受别人的真理。正是由于不知道真理和谬误的区分，自由主义的社会向来以多元和宽容为特色。多元就是任何人都可以持有自己的想法，比如，你可以持有任何的宗教信仰、政治观念、生活态度，即使你坚持的东西在别人看来是明显错误的，别人也无权置喙；宽容指的是我们应该容忍各种不同观点的存在，即使它们在我看来是明显错误的，或令人厌恶的，我们都应予以包容，而不应该干预或扼杀，因为谁也不知道，最终到底谁才是对的谁才是错的，历史已经不止一次地告诉我们，许多自命为真理的，其实不过是谬误，而许多被戕害的，后来被证明是正确的。

自由主义的社会是一个国家和社会相互分离的社会，在市民社会中，每一个公民都是自由而独立的，都是一个大丈夫或小宇宙，拥有不同的宗教观念、政治信念和生活态度；而政治国家则服务于社会，旨在维持社会秩序和保护个人自由，国家不能向人民背书任何真理。“一个自由主义的政治社会是一个国家和社会有着明显区分的社会。社会是群体内部以及群体之间相互作用的领域，每一个群体都围绕着一系列有特色的相互连结的信仰、倾向以及价值观念组织起来。相互作用的群体对善、品德、崇高、神圣、正确、公正和美有不同的观念。国家是凌驾于这些形形色色群体之上规制它们之间相互作用的制度性权力。公民没有必要把国家看作一个完全异己的力量，也不能把它看作他们对世界规范性看法的代表而欣然接受。……国家的价值主要在于保护社会群体免受彼此伤害并维护个人自由。”①

自由主义的国家是一个依靠法律来治理的国家，因为自由主义国家

① Andrew Altman, *Critical Legal Studies: A Liberal Critique*, Princeton University Press, 1990, p. 23. 中译本参见［美］安德鲁·奥尔特曼：《批判法学——一个自由主义的批评》，信春鹰、杨晓锋译，中国政法大学出版社2009年版，第23页。

的自由和秩序都要通过法律来支持和确保。① 法律不过是社会意志的反映，既然自由主义的社会是价值多元的，那么，自由主义国家的法律也必然是价值分歧的。在昂格尔看来，在自由主义国家中，正是多元的价值导致了一种割据的立法。割据的立法即是说，现实中的立法与其说是基于某种统一价值而进行的演绎，不如说是各种秉持不同价值信念的利益力量角逐的结果。② 在自由主义民主国家中，社会中的利益集团，议会中的利益代表就是此种立法形态的体现。这种立法模式立足于现实政治的观察，它认为法律无非是某种价值的表达，它设定的模式是：第一步，人民表达自己的价值主张或利益要求；第二步，这种价值主张或利益要求通过人民所处的利益集团来加以综合或整合，将分散的水滴汇聚成河流；第三步，利用河流的势能倒灌入议会，迫使议会根据利益集团的声音来立法。在此过程中，议员作为人民利益的代言人发挥了投票器的作用，人民手中的选票则是这一投票器的控制按钮。

这种割据的立法显示出，现实中的立法绝对不像人们想象的那样是价值统一的，具有内在的整体性。相反，立法不过是各种价值角逐的结果，议会就是价值观念交锋的战场，正如沃尔德伦精辟地指出："一个代议制议会是一个具有典型性的地方，人们集合在一起，他们彼此不同——他们的背景、经历和信仰——而且他们关于政策、社会正义和权利等观点经常彼此对立。"③

各种价值或利益的相互争战最终产生了胜者，他的声音将会变成立法。只不过，今天获胜的是张三，明天就可能轮到李四，因此，立法绝不是某一个统一人格基于某种统一价值而制定的，它是各个价值阵营拉锯战、阵地战的结果，割裂不可避免。割据的立法表明，法律绝不可能是内

---

① See Roberto Unger, *Knowledge and Politics*, Free Press, 1975, p. 67.

② 肯尼迪指出了利益集团与意识形态之间的关联，"意识形态是利益集团的普世化。"参见[美]肯尼迪：《判决的批判》，王家国译，法律出版社2012年版，第17页。

③ [美]沃尔德伦：《法律与分歧》，王柱国译，法律出版社2009年版，第92页。

部和谐一致的完美体系,而是充满矛盾的水晶球结构。

法律内部是混乱无序的,只不过是各种意志的组合。邓肯·肯尼迪的《私法裁决中的形式与实质》通过与个人主义相联系的规则观和与利他主义相联系的标准观,已经证明法律是不相融洽,甚至是相互抵牾的。肯尼迪的观点得到了其他批判法学者的赞同,加拿大学者哈钦森(Allan Hutchinson)考察了侵权法归责原则,指出存在同样的拼凑问题,侵权法归责原则一方面指出人们必须为自己的过失而造成的损失负责,另一方面又指出即使不存在过失,也需要对造成的损失负责,这显然是相互矛盾的。① 昂格尔对合同法的考察也发现了同样的问题,昂格尔发现,现有的合同法原理是根据两个主要原则和两个次要相反原则建构的。主要原则是:(1)个人可以自由地选择与谁缔结合同;(2)个人可以自由地商定合同的条款。相反原则是:(1)个人选择与谁订立合同不能违背公共利益;(2)自由商定的条款可以因为违反实质公平而被宣告无效。② 显然,合同法的这两组原则也是相互矛盾的。

批判法学论证了自由主义与割据的立法及法律的拼凑命题之间的关系,而联系前文的论证,内在不一致的立法又与政治性司法具有某种必然关系,所以批判法学的整个论证逻辑可以这样来理解:首先是自由主义的社会设定了价值多元化的立场,价值多元化的立场又容纳了相互敌对的价值伦理;其次是从相互冲突的伦理价值引申出相互抵牾的基础原则,而相互抵牾的基础原则又引申出相互矛盾的法律规范;最后是相互矛盾的法律规范导致了法官必须结合个案作出价值决策,也就是,导致了自由主义社会的具有必然性的政治性司法。

---

① See Allan Hutchinson, "Of Kings and Dirty Rascals: The Struggle for Democracy", *Queens Law Journal* 9, 1984, pp. 273 - 292.

② See Roberto Unger, *The Critical Legal Studies Movement*, Harvard University Press, 1986, pp. 58 - 90.

第三节　激进派、温和派与司法的政治性

批判法学发现从自由主义到立法的拼凑命题，再到政治性的司法，其间具有必然的逻辑关系，这就是为什么批判法学的众人虽然学说观点相互歧异，但是在主张司法的政治性这一点上却是众口一词的，司法的政治性命题，也成为批判法学的另一个核心命题。在此，我们不妨把法律的拼凑命题看作批判法学在立法方面的核心命题，而将政治性的司法看作批判法学在司法方面的核心命题。

但是，我们也应该看到，批判法学内部也并不是铁板一块，虽然都赞成司法的政治性命题，但是批判法学内部还有激进派与温和派的分别，而在司法的政治性命题的具体看法上，批判法学的激进派与温和派的看法还存在一些具体的差异。

（一）激进批判法学对法律推理的批判

激进批判法学认为法律虽然是由语言表达的，但是词语却几乎不具有任何确定的含义，激进批判法学这种对于语言的看法已经走到了后现代的解构主义的道路上来了。批判法学运动的秘书加里·佩勒（Gary Peller）就试图否认语言的含义，在佩勒看来，词语的含义并不是自足的，词语的含义只有在与其他词语的关系中才能确定，比如 bank 这个词，有银行的意思，还有河岸的意思，那它目前到底是指银行还是河岸呢？只有在与其他词句的上下文关系中才能确定，但是在佩勒看来，一个词语的含义需要借助与其他词语的关系才能确定，而其他词语又必须借助其他相关词语才能确定，最终，“试图确定一个词语的含义会导致一个无限的还原，”①这种无限还原的后果，佩勒告诉我们，就是“含义最终是不确

① Gary Peller，“Metaphysics of American Law”，*Calif. L. Rev.* 73，1985，p. 1167.

定的”。[①] 佩勒的观点与古希腊智者芝诺的诡辩术非常像，但是佩勒的观点并不是孤立的，激进批判法学的其他学者也赞成语言没有确切的所指，因此可以随意地包装，图什内特（Mark Tushnet）说：“构成法律原则的材料几乎没有标准，可接受的法律推理技术是如此的灵活多变，以至于它们允许我们把多种多样的先例装配到我们所选择的不管什么样的模式中来。”[②]多尔顿（Clair Dalton）更是极为形象地将法律语言形容为一个“空荡荡的容器”，个人可以往里面倾倒他所选择的任何含义。[③]

既然法律不过是“空荡荡的容器”，那么就根本谈不上法律的确定性、中立性、客观性了，法律解释这个词语其实根本就是一种误导，因为没有什么东西好解释，司法决策其实不过是“决断”，[④]只是裁判者根据自己的道德或政治观念所做的决断，最终起作用的绝非法律、程序、合意等，而是赤裸裸的裁判者的意志，司法过程也绝对不是适用法律的过程，而是行使权力的过程，也许福柯的这段话最足以描绘这样一种司法的真实图景：“人类从一场战斗到另一场战斗并没有逐渐进步，直到他达到普遍的相互依存时为止，他才有了进步，在那里，法治最终替代了战争；人类把他的每一个暴力都安顿到了规则制度之内，因此他就由统治走向统治……规则本身是空洞的，充满了暴力，没有终结；它们没有人情味，并且屈服于任何目的……解释是对规则制度粗暴的或者鬼鬼祟祟的挪用，它本身并没有实质含义，为了设置一个方向，使它顺从于一个新的意志，强迫它加入到一个不同的游戏当中来。”[⑤]

---

① Gary Peller, “Metaphysics of American Law”, *Calif. L. Rev.* 73, 1985, p. 1169.

② Mark Tushnet, *Red, White, and Blue: A Critical Analysis of Constitutional Law*, Harvard University Press, 1988, pp. 191 – 192.

③ Clair Dalton, “An Essay in the Deconstruction of Contract Doctrine”, *Yale Law Journal* 94(5), 1985, p. 1002.

④ 此处的决断是卡尔·施密特意义上的，意指纯粹的权力意志的表达。

⑤ Michel Foucault, Nietzsche, *Genealogy*, *History*, *in Language*, *Counter-Memory*, *Practice*, *ed. Donald Bouchard*, *Ithaca*, Cornell University Press, 1977, pp. 151 – 152.

（二）温和批判法学对法律推理的批判

对于激进批判法学如此彻底的解构立场，温和批判法学表示不能苟同。对昂格尔来说，司法决策仍然建立在法律规则的基础上，而规则并不是“空荡荡的容器”，它有着相对确定的结构，语言有着约定俗成的用法，在一定时期内其意义也是相对固定的，佩勒的诡辩是完全不能成立的，佩勒说词语含义需要借助其他词语来确定，其他词语又要借助另一些其他词语，因此会陷入无限后退。就像智者诡辩说我们无法从路的一端A走到另外一端B，因为从A到B，需要经过中点C，而经过中点C，又需要经过A和C的中点D，如此以至于无穷，所以我们无法从A走到B，这完全是诡辩，只要我们“走起来”就可以击败这种诡辩。对温和批判法学者来说，词语含义是相对稳定的，因此，法律规则的含义也是可以把握的。

但是，即使如此，对温和批判法学者来说，法律规则是抽象的，将其适用于事实需要解释，这里存在很大的能动空间，正是在这里，法官将意识形态因素运输进了司法过程。昂格尔指出，对抽象规则的解释依赖于法官所持有的某些相互竞争的善和权利的观念，多元社会的价值之争就此进入了司法，因此，司法过程的本质不是法律性的，而是政治性的，法官借着对法律规范的解释，将自己的政治意见输入了司法。

由于温和批判法学主张司法决策以规则为基础，而规则具有比较稳定的含义和结构，因此他们的看法与激进批判法学把规则看作“空荡荡的容器”的观点是不一致的，但是对温和批判法学来说，法律规则应用于事实需要解释，而法律规则是根据司法的价值选择来解释的。① 这样一来，尽管温和批判法学在规则含义上持有相对温和的立场，但是结论却和激进批判法学相似，都消解了自由主义对于法律与政治的区分，所以，博伊尔总结了批判法学的立场：“大多数批判法学的著作都包含着对这

---

① See Andrew Altman, *Critical Legal Studies: A Liberal Critique*, Princeton University Press, 1990, p. 91.

样一个观点的一系列复杂和深刻的解释,这就是对法律的解释不可能是中立的,因此,法律与政治之间的区分以及合法化的故事不可避免地破产了,而这是自由主义国家所赖以为基础的。”①

总而言之,批判法学的激进派与温和派虽有具体认识的不同,但依然都是忠于司法政治性这一核心命题的,就此而言,它们作为孪生兄弟,依然分享着批判法学的共同血脉。

第四节 结语

司法本质上是权力的行使,司法决策不过是一种政治决断。在某种意义上,批判法学就像那个看穿了皇帝新装的小男孩一样,说出了我们不敢说出的司法真相。难能可贵的是,批判法学的结论并不是大胆莽撞的论断,而是有着坚实的基础。事实上,批判法学的论断建立在稳固的大前提之上,并通过严密的逻辑推理而得出,因而有着极强的说服力和感染力。

法律人极力地想要抗拒这样一个颇具颠覆性的结论,这几乎出自本能,但是令人感到悲观的是,批判法学的结论在某种程度上又被大量其他研究所证实。这些研究中有不少是根据实际证据所作出的,比如 J. A. 西格尔(J. A. Segal)和 H. J. 斯皮斯(H. J. Spaeth)的研究证实了美国联邦最高法院大法官的意识形态立场与其司法决策之间的正相关关系;P. S. Atiyah 和 R. S. Summer 对联邦上诉法院判决的投票分析也发现了法官意识形态与投票之间的正相关关系。所以,时至今日,预测美国法院行为的主流模型已变成了法官态度模型或基于政治态度的策略模型。这其中所仰赖的虽非批判法学一人之力,但批判法学绝对功不可没。

---

① James Boyle, “The Politics of Reason: Critical Legal Theory and Local Social Thought”, *U. PA. L. Rev.* 133, 1985, p. 697.

第三章　本体论解释学视阈下的司法决策

第一节　本体论解释学转向

在解释学图式的转变背后，隐藏着世界观的变迁。方法论解释学建立在主客体二分的世界观基础上，按照这种世界观，主客体相互独立、彼此分离，主体可以对客体加以认识，但是不能脱离客体的本来面貌，否则便会产生认识偏差，所谓“不识庐山真面目，只缘身在此山中”。由于事物的本来面貌是客观的，所以不同主体的认识如果没有偏差，则必定是殊途同归的。也就是说，主体对客体的认识是存在标准答案的。

在这种主客体二分的世界观的观照下，方法论解释学的一个基本设定，是肯定或者承认存在一个解释的对象，相信文本具有意义（significance）或含义（meaning）。既然这种意义是属于原作品或原作者所有，因此，肯定文本的意义或含义，实际上也就是肯定了文本的本义(original meaning)和原意(original intention)。[①] 这种本义和原意是客观存在的,任何主体对文本的理解和解释,都必须以找到这种客观的本义或原意为旨归,否则即是解释错误。方法论解释学虽经历发展过程的不同阶段,对于这一基本立场始终是一以贯之的。最初,作为方法论解释学源头的圣经解释学即是如此,它将《圣经》的原意看作一个"在那里"的东西,所以,解释就是遵循正确方法以达致原意,即上帝的旨意,这里根本不存在任何灵活操作或创造性操作的空间,神意虽是虚无缥缈的,却又比任何事物都更加真实,所以,解释《圣经》与解释客观的自然,本质上是相通的。"解释《圣经》的方法与解释自然的方法没有大的差异。事实上差不多是一样的。"[②]随后,施莱尔马赫(Friedrich Daniel Ernst Schleiermacher,1768 – 1834)的解释学仍然坚持主客体分离的认知图式,原意仍是"在那里"的东西,只不过,在施莱尔马赫那里,这个原意是作者赋予的,所以,解释就是要还原作者的原意,为此,解释者要进行心理上的转换,进入作者的世界,体验作者的心境,把握作者的意图。[③] 与施莱尔马赫一脉相承,狄尔泰(Wilhelm Dilthey,1833 – 1911)也强调了原意的重要性。狄尔泰提出的把握和重现文本原意的方法是,设身处地把自己"直接"置于文本当时的环境之中,重新体验和感受文本的意境、情境和作者的意图,以求最终领悟、重现和复制文本的意义。[④] 为此他提倡解释中的"移情"作用,将理解看作人的心灵生活的重建,他认为,解释就是从作为历史内容的文献、作品、行为记载出发,通过直觉或移情,在想象中处于作者的地位和环境,进入作者的个性,把握作者的

---

① 参见王中江:《"原意"、"先见"及其解释的"客观性"——在"方法论解释学"与"哲学解释学"之间》,载《学术界》2001 年第 4 期。

② 洪汉鼎:《诠释学——它的历史和当代发展》,人民出版社 2001 年版,第 37 页。

③ [德]施莱尔马赫:《诠释学讲演录》,洪汉鼎译,载洪汉鼎主编:《理解与解释:诠释学经典文选》,东方出版社 2006 年版,第 55 ~ 56 页。

④ 参见王中江:《"原意"、"先见"及其解释的"客观性"——在"方法论解释学"与"哲学解释学"之间》,载《学术界》2001 年第 4 期。

意图、情感和观念。“正是在移情或转换的基础上产生了理解的最高形式,在这种理解中,精神生活整个处于再创造和再体验的活跃状态之中。”①

综上所述,既然方法论解释学将原意看作一个“在那里”的客观存在,那么解释的目标就是不带个人色彩地去发现文本的含义,解释之所以是客观的,就是因为解释的过程力求不掺杂任何个人因素。从这一立场出发,“先见”,即“先入之见”,“偏见”,即“一偏之见”,这样的“见”,一直是方法论解释学所欲清除的对象。因为,在方法论解释学看来,“先见”和“偏见”,是达到正确解释和理解的障碍。从认识论上说,“先见”和“偏见”往往被认为是“主观性”之物,它以先入为主、不管不顾的方式去独断对象,使人无法虚心和冷静地倾听对象的真实声音。所以在施莱尔马赫那里,解释就是一门避免误解的技艺。在狄尔泰那里,为了防止解释者的个体性的分殊性理解,他搬出了“客观精神”的解决方案。②

如果说方法论解释学建立在主客体分离的世界观基础上,那么,本体论解释学的出现,则是由于世界观背景的变迁。自海德格尔(Martin Heidegger,1889 - 1976)开始,原先那种主客体相分离对立的世界观被摒弃了,取而代之的,是这样一种主客体相融合的世界观,它认为主客体之间不是彼此分离的,而是相互依存的,客体是主体眼中的客体,主体也是客体所见证的主体。主客体之间的关系不是截然对立的关系,而是“你中有我,我中有你”的相互融合的关系。

本体论解释学立足于这种主客体相互融合的世界观,对方法论解释学的客观原意理论加以拒斥。在本体论解释学看来,客观的原意是不存在的,因为主客体是一体化的关系,任何意义都不过是解释者眼中的意

---

① [法]狄尔泰:《历史中的意义》,艾彦等译,中国城市出版社2002年版,第178页。

② [法]狄尔泰:《对他人及其生命表现的理解》,李超杰译,载洪汉鼎主编:《理解与解释:诠释学经典文选》,东方出版社2006年版,第97页。

思,所以即使存在作者的意思或文本的意思,它也要借着被解释者看到才能呈现出来,但是它一旦被解释者看到,它就已经被解释者的主体性“玷污”了,所以,从根本上来说,不可能存在客观的、“在那儿”的原意或本义。

既然原意或者本义并不存在,那么所谓的解释,也就不是主体去发现“在那儿”的原意或本义的过程,而是解释者凭着自己的主体性去理解、领会甚至是筹划意义的过程。解释,也就是理解,从来都是充满主观性的,它不是一个被动的理解、解释客观事物的活动,而是主体创造性的劳作或创作活动。

由于本体论解释学把解释看成主体借着对客体的认识发挥自己创造性作用的活动,所以,解释者的主观性不但没有成为解释的负担,反而变成了解释之所以可能的前提条件。这是本体论解释学与方法论解释学大异其趣的地方,方法论解释学一直战战兢兢,担心解释者的主体性会“玷污”原意,担心解释变得不再客观,而本体论解释学则一开始就把原意置于死地,把客观性置之度外,所以,反而能够轻装上阵,认识到主体性是解释的前提条件。

在传统的本体论解释学框架之下,这个主体性被表述为“先见”和“偏见”,意指解释者事先所抱持的一套观点看法,它构成了解释者进行解释的认知框架。在对待“先见”和“偏见”的问题上,方法论解释学将“先见”和“偏见”视为达到正确解释和理解的障碍,一直想除之而后快,以保证理解和解释的“客观性”。不同于方法论解释学仍然沿袭主客体相分离的立场,由海德格尔发动,伽达默尔展开的本体论解释学采取主客体“视域融合”的模式。在这一过程中,解释者的“前见”不但是不可避免的,而且构成理解和解释的前提。按照本体论解释学的洞见,解释并非认知者不带任何主观成分去认识客观的对象,而毋宁藉着前理解才成为可能,人总是带着既有的经验与知识或“合法的偏见”进行理解和解释。海德格尔对“先见”进行了著名的辩护:“把某某东西作为某某东西加以解释,这在本质上是通过先行具有、先行见到与先行掌握来起作用的。解释从来不是对先行给定的东西所作的无前提的把握。准确的经典注疏可以拿来当作解释的一种特殊的具体化，它固然喜欢援引‘有典可稽’的东西，然而最先的‘有典可稽’的东西，原不过是解释者的不言自明、无可争议的先入之见。任何解释工作之初都必然有这种先入之见，它作为随着解释就已经‘设定了的’东西是先行给定了的，这就是说，是在先行具有、先行见到和先行掌握中先行给定了的。”①同样，作为海德格尔解释学思想践行者的伽达默尔（Hans-Georg Gadamer，1900－2002）明确地宣示，理解和解释得以发生的条件，恰恰是方法论解释学所欲清除的“先见”和“偏见”，“一切诠释学条件中最首要的条件总是前理解。”②

从上述论述可以看出，本体论解释学否认作为客体原意的存在，也否认主体摆脱一切偏见的可能性。本体论解释学一个重要的影响是恢复了先见在理解过程中的合法性。先见是人们理解的起点，主体无法通过方法去涤除先见的存在，而达到一种认识的清明状态。理解或解释从来都不是绝对客观的，而是视阈融合的，即在理解、解释过程中，“解释者的知识视域和文本的知识视域的交融结合。”③先见不但不是解释与理解的障碍，反而是解释与理解的前提。

第二节 从客观法律模型到主观法律模型

从司法决策的角度来看，解释学范式的转换，其实关系到我们对于司法过程的认识。这是因为，任何司法决策，必定涉及对于法律的理解

---

① ［德］海德格尔：《存在与时间》，陈嘉映、王庆节译，生活·读书·新知三联书店1999年版，第176页。

② ［德］伽达默尔：《真理与方法》（上），洪汉鼎译，上海译文出版社1999年版，第378页。

③ 赵光武：《哲学解释学的解释理论与复杂性探索》，载《北京大学学报》2004年第4期。

问题,这一点哪怕最一目了然的案件都是如此,而理解其实就是解释,解释也就是理解,陈金钊、谢晖先生把这种普遍性的法律理解说成是解释法律,而把我们传统上所说的对于不确定法律的解释说成是法律解释。①

如果任何案件都必定牵扯到解释法律的问题,那么,解释模式的转换,就必定会影响到我们对于司法决策的看法。

首先,按照传统的方法论解释学来看,任何法律规则都有其客观含义,无论这个含义是立法者的原意,还是法律文本的客观意义(此即法律解释目标的主观目标说和客观目标说),这个含义都是客观存在的,解释者只消遵循正确的解释方法,就一定能够得到正确的法律含义(反过来说,如果解释者没有解释出正确的含义,则一定是采取了错误的解释方法的缘故),裁判者再根据这个正确的法律含义,按照三段论推理,就可得出正确的司法判决。因此,按照这个看法,司法决策本质上就是由法律决定的,这就是决定司法判决的"法律模型"。严格说来,这种"法律模型"是一种"客观法律模型",即认为司法判决是基于法律的客观含义而作出的。②

然而,按照本体论解释学的洞见,任何解释都不可避免带有主观性,因为任何解释者都不可能将自己的主体性因素完全清空,以换得一个客观的解释结果。如果将主体性要素完全清空,主体也就不再是主体,任何解释也都是不可能的了。解释始终都是解释者的解释,就像本体论解释学所提醒我们的那样,主体性因素不但不是解释的障碍,反而是解释得以可能的前提条件。

按照本体论解释学的这种看法,则任何法律解释必然带有解释者主观色彩的烙印,这样,司法判决就不再是由客观的法律所决定的,而是解

---

① 参见陈金钊:《法律解释的哲理》,山东人民出版社1999年版,第41页以下;谢晖:《解释法律与法律解释》,载《法学研究》2000年第5期。

② See Segal & Spaeth, *The Supreme Court and the Attitudinal Model Revisited*, Cambridge University Press, 2002, p. 48.

释者眼中的法律所决定的，决定司法判决的模型，也不是一种简单的"客观法律模型"，而是解释者"主观法律模型"了。正是因为司法判决依赖于主体性，霍姆斯才提出了著名的"法律预测理论"，即法律就是对法官将如何作出判决的一种预测。①

如此一来，司法关注的重心就从法律转向了法官，这正是美国法学研究已经发生并且正在发生的一切，比如法律现实主义揭示了司法不确定性的一面，并且指出法官的个人习性是造成这种不确定的一个重要因素；批判法学则断言司法决策就是政治决策，司法判决打着法律的旗号，实际上是在不同的意识形态之间做选择，言下之意，法官的价值立场将会起重要作用；司法行为主义则直接通过对法官的行为特征进行系统性分析，从而预测和解释司法判决的结果。②

与"客观法律模型"相比，解释者"主观法律模型"彻底消解了法律的确定性，司法判决不再是基于客观的法律而一成不变，相反，司法判决可能因为主观化的法律因时而异、因地而异、因人而异。

之所以会因时而异，是因为解释者的观念很多时候就是时代流行思潮的映射，即使解释者持有个人化的独特观念，也很难避免会受到置身其中的时代思潮的影响，比如，在中国政治上走群众路线的时代，法官的观念即深受其影响，所以当时的判决书里会频繁出现类似于"不杀不足以平民愤"这样的话语。

之所以会因地而异，是因为解释者的观念不仅会受到时代思潮的影响，而且还受到地域文化的限制，我们不难发现，出自同一个文化地域的人往往分享许多共同的观念，这就是个人观念受到地域文化影响的证据，这种文化观念当然也构成了解释者解释法律的"先见"了。比如，在

---

① ［美］霍姆斯：《法律之道》，许章润译，载《环球法律评论》2001年秋季号，第323页。

② See Roger Cotterrell, *The Politics of Jurisprudence: A Critical Introduction to Legal Philosophy*, Oxford University Press, 2003, p. 202.

何种程度的暴力才能构成“家庭暴力”的问题上，农村地区的认定标准可能会显著高于城市地区的认定标准，这种差别显然是地域文化的不同导致的。

之所以会因人而异，是因为解释者的人格特质也是其思想观念的一部分，一个人观念的形成，虽然离不开时代思潮与地域文化，但是也离不开个人的独特品性和气质特点。正是因为解释者的观念深受其人格特质的影响，而解释者的观念又决定了他对于法律的看法，所以，这也许可以解释为什么同一个时间，同一个空间，但是不同的解释者还是会持有不同看法的原因。比如，某些女性法官在离婚官司中对于法律的看法，较男性法官来说就明显具有倾向性，这一现象只能从她的女性身份中才能得到最好的解释。

“主观法律模型”并不是客观想象，J. A. 西格尔和 H. J. 斯皮斯的一项研究坐实了“主观法律模型”的合理性，通过对伦奎斯特（William Rehnquist，1924－2005）法院各法官行为的研究，他们发现，美国联邦最高法院的大法官们很少是按照客观法律（先例）来作出司法判决的，大部分时候是根据自己的主观偏好来裁判案件，在表 3－1 中，遵循先例概率最高的法官是鲍威尔（Lewis Franklin Powell Jr.，1907－1998），但是他的先例遵循率也只有 27.3%，还有一些法官诸如肯尼迪（Anthony M. Kennedy），他的司法判决 100% 是按照偏好来进行的，布伦南（William Joseph Brennan Jr.，1906－1997）的偏好概率是 98.8%，马歇尔（Thurgood Marshall，1908－1993）的偏好概率是 98.9%，伦奎斯特的偏好概率是 94.8%。①

---

① See Segal & Spaeth, *The Supreme Court and the Attitudinal Model Revisited*, Cambridge University Press, 2002, pp. 302－303.

表 3-1 伦奎斯特法院各法官在两类案件中受先例影响的程度

大法官		案件类型		合计
		标志案件	普通案件	
布莱克曼	先例行为	13	3	16
		20.0%	21.4%	20.3%
	偏好行为	52	11	63
		80.0%	78.6%	79.7%
	合计	65	14	79
		100.0%	100.0%	100.0%
布伦南	先例行为	2		2
		1.4%		1.2%
	偏好行为	146	25	171
		98.6%	100.0%	98.8%
	合计	148	25	173
		100.0%	100.0%	100.0%
肯尼迪	偏好行为	4		4
		100.0%		100.0%
	合计	4		4
		100.0%		100.0%
马歇尔	先例行为	2		2
		1.3%		1.1%
	偏好行为	154	28	182
		98.7%	100.0%	98.9%
	合计	156	28	184
		100.0%	100.0%	100.0%

续表

大法官		案件类型		合计
		标志案件	普通案件	
奥康纳	先例行为		3	3
			60.0%	9.4%
	偏好行为	27	2	29
		100.0%	40.0%	90.6%
	合计	27	5	32
		100.0%	100.0%	100.0%
鲍威尔	先例行为	8	1	9
		34.8%	10.0%	27.3%
	偏好行为	15	9	24
		65.2%	90.9%	72.7%
	合计	23	10	33
		100.0%	100.0%	100.0%
伦奎斯特	先例行为	5	3	8
		3.9%	11.5%	5.2%
	偏好行为	122	23	145
		96.1%	88.5%	94.8%
	合计	127	26	153
		100.0%	100.0%	100.0%

续表

大法官		案件类型		合计
		标志案件	普通案件	
斯卡利亚	先例行为		1	1
			100.0%	16.7%
	偏好行为	5		5
		100.0%		83.3%
	合计	5	1	6
		100.0%	100.0%	100.0%
史蒂文斯	先例行为	4	8	12
		9.8%	38.1%	19.4%
	偏好行为	37	13	50
		90.2%	61.9%	80.6%
	合计	41	21	62
		100.0%	100.0%	100.0%
怀特	先例行为	22		22
		13.5%		13.3%
	偏好行为	141	3	144
		86.5%	100.0%	86.7%
	合计	163	3	166
		100.0%	100.0%	100.0%

“主观法律模型”可以从不同的方面得到诠释，如以时间为纬度，从观念史的角度观察；也可以以地域为纬度，从地方性文化的角度来观察。“主观法律模型”还可以从党派立场、社团利益和个人观念等角度加以观

察。在这些研究进路中,“态度模型”①理论是一项颇有意思的理论,它一方面是“主观法律模型”的自然延伸,另一方面,它也通过经验证据证明了“主观法律模型”的合理性。

“态度模型”是指法官们会根据他们意识形态方面的态度和价值判断来作出司法判决的理论。比如说,伦奎斯特之所以这样判,是因为他是极端保守派;而马歇尔法官之所以会那样判,是因为他是极端自由派。② 根据 J. A. 西格尔和 H. J. 斯皮斯对于联邦最高法院的研究,美国联邦最高法院大法官的司法判决,跟他们的政治态度具有明确的正相关关系,请见表 3 - 2。③

表 3 - 2　大法官的态度和投票

大法官	态度[a]	投票[b]
沃伦	0.50	78.6
哈兰	0.75	43.6
布伦南	1.00	79.5
惠特克	0.00	43.3
斯图尔特	0.50	51.4
怀特	0.00	42.4
戈德堡	0.50	88.9
福塔斯	1.00	81.0
马歇尔	1.00	81.4

① 中文对“态度模型”的讨论可以参见陈林林、杨桦:《基于“态度”的司法决策》,载《浙江大学学报》2014 年第 3 期。

② See Segal & Spaeth, *The Supreme Court and the Attitudinal Model Revisited*, Cambridge University Press, 2002, p. 86.

③ See Segal & Spaeth, *The Supreme Court and the Attitudinal Model Revisited*, Cambridge University Press, 2002, p. 322.

续表

大法官	态度[a]	投票[b]
伯格	-0.77	29.6
布莱克曼	-0.77	52.8
鲍威尔	-0.67	37.4
伦奎斯特	-0.91	21.8
史蒂文斯	-0.50	64.2
奥康纳	-0.17	35.5
斯卡利亚	-1.00	29.6
肯尼迪	-0.27	36.9
苏特	-0.34	59.9
托马斯	-0.68	25.7
布雷耶	-0.05	61.1
金斯伯格	0.36	64.4

注:a 区间为 -1.00(极端保守)到 1.00(极端自由);b 是 1953 ~ 1999 年的公民自由权案件中,表决倾向于自由派的程度。

除美国联邦最高法院之外,P. S. 阿蒂亚(P. S. Atiyah)和 R. S. 萨默斯(Robert S. Summers)对于美国联邦上诉法院的研究也发现了态度与司法判决之间的正相关关系。根据 Atiyah 和 Summers 对 1925 ~ 2002 年美国联邦上诉法院法官投票的研究,他们发现,民主党总统任命的法官会比较倾向于投票支持自由派,而共和党总统任命的法官会比较倾向于投票支持保守派,这与美国的党派意识形态保持了一致,因为传统上,美国民主党被认为是偏向自由,而共和党被认为是偏向保守。请见表 3 - 3 和表 3 - 4。①

① See R. A. Posner, *How Judges Think*, Harvard University Press, 2008, p. 21.

表3-3　作为总统和参议院多数派之党派因变量的上诉法院法官投票(1925～2002)

投票	共和党总统提名		民主党总统提名	
	共和党参议院	民主党参议院	共和党参议院	民主党参议院
保守票	55.8%	55.9%	49.6%	55.3%
自由票	37.1%	35.9%	43.5%	37.9%
混合票	7.1%	8.2%	6.8%	6.8%

表3-4　作为总统和参议院多数派之党派因变量的上诉法院在任法官的投票(1925～2002)

投票	共和党总统提名		民主党总统提名	
	共和党参议院	民主党参议院	共和党参议院	民主党参议院
保守票	66.9%	63.2%	49.7%	57.0%
自由票	25.6%	27.0%	39.5%	35.6%
混合票	7.5%	9.8%	10.9%	7.5%

注:混合票是指在有多个争论点的案件中,法官对一个以上争论点投了自由票,同时在其他争论点上投了反对票。

“态度模型”从政治态度的角度提供了一个解释和预测司法判决的理论模型,拥有不错的解释和预测能力。就美国联邦最高法院对有关搜查案件的裁决而言,以事实和态度为自变量、以投票为因变量的态度模型,其预测准确率达到了77%,远高于平均56%的预测准确率,①这就证明了法官特别是联邦最高法院大法官确实是经常按照自己的政治意识形态来投票的,也就是按照他们的主观法律来进行司法裁判的,这也间接证明了解释者“主观法律模型”的合理性。但是另一方面,态度毕竟只

① Segal & Spaeth, *The Supreme Court and the Attitudinal Model Revisited*, Cambridge University Press, 2002, p. 324.

是主体性的一个方面(虽然是异常重要的一面),除此之外,解释者主体性还包括了解释者所身处其中的历史、文化、制度、社区、家庭、经历等对他所造成的影响或构造了他的性格,或形成了他的信仰、态度、观念、看法等。因此,"态度模型"只从态度出发,就难免挂一漏万了。更为致命的是,"态度模型"甚至是解释者"主观法律模型",都没有考虑到解释者自身之外的因素,而是单纯从孤立法官的角度提出司法判决的决定因素,忘了法官可能会基于外界压力(所在法院压力、法律共同体压力、媒体压力、其他政府机构压力等)而作出有违自己本意的策略行为。① 因为这些缺陷的存在,"态度模型"虽拥有不错的解释力,但是也还存在不足和偏颇之处。这就是为何仍有数量大到不可忽略(具体来说是23%)的案件不契合于"态度模型"。

然而,即便"态度模型"存在这些缺陷,但是,必须再一次强调的是,"态度模型"说明了"主观法律模型"的合理性,也证明了司法判决受到解释者主体性因素影响的命题。

第三节　司法客观性的再认识

按照本体论解释学的主观法律模型理论,司法决策是基于解释者对法律主观性的理解来作出的。可是,如此一来,一个令人困扰的问题便产生了,即司法判决还具有客观性吗?如果司法判决纯粹基于主体任意解释而作出,那么司法决策跟猴子掷飞镖有什么区别呢?

应该说,客观性是司法的一个内在要求,司法不可能对客观性要求完全弃之不顾。但是问题在于,客观性本身是一个不甚确定的概念,根

---

① See Lawrence Baum, *Judges and Their Audiences: A Perspective on Judicial Behavior*, Princeton University Press, 2006, pp. 19 – 24.

据对于客观性的不同理解,有人认为即便客观法律模型也不一定能满足客观性要求,而有人可能认为即便是主观法律模型都有可能符合客观性要求。为此,我们需要结合客观性的不同意涵来探讨主观法律模型的客观性问题。

根据波斯纳的看法,存在三种不同类型的客观性。第一种客观性是指一种本体上的客观性,即客观被理解为与外部实体相符,这是哲学意义上的客观。① 这种客观性与实在论联系在一起,根据达米特(Michael Dummett)的表述,"实在论的要义在于,某种特定陈述类型中的每个陈述,其为真或非真不是依赖于我们的知识,而是取决于某种客观实在物,并且,这种实在物的存在和构造也是独立于我们的知识。"②这种意义上的客观性,指的是当且仅当那种陈述所欲描述的客体存在时该陈述才是客观的,换言之,如果世界上并不存在这样的客体,那么这类陈述是主观的。这种意义上的客观性似乎预设了一种"真理符合论"(correspondence theory of truth),比如,"这把椅子是黑色的"这个命题,要具有客观的真,当且仅当有一把黑色的椅子存在方才可能。显然,这种客观性在人文社会科学中难以被认真对待,正如约翰·麦基(John L. Mackie,1917－1981)所指出的那样,在宇宙中并不存在伦理话语所欲描述的那种客体。③ 就法律解释而言,按照本体论解释学的看法,法律解释很多时候就是一个价值判断,法律解释的对象并没有客观实在物可以对应,所以,本体上的客观性不可能适用于本体论法律解释,也就不可能适用于主观法律模型。

第二种客观性指的是共识意义上的客观,即当人们对某个问题能形

---

① 参见[美]理查德·A.波斯纳:《法理学问题》,苏力译,中国政法大学出版社2002年版,第8~9页。

② 转引自[以]安德雷·马默主编:《法律与解释》,张卓明等译,法律出版社2006年版,第232页。

③ 参见[以]安德雷·马默主编:《法律与解释》,张卓明等译,法律出版社2006年版,第238页。

成共识时，我们即认为在这个问题上存在客观性。值得注意的是，共识存在多种可能。共识有时指的是抱有同样价值观和信念的人对一些具体问题也存在相同的看法。但是另外一些时候，它指的是抱有不同信念和价值观的人们，在一些具体问题上却持有相同的看法；或者相反，它指的是在一些具体问题上意见相左的人们，对于一些抽象的原则和价值观却都表示赞同。[①] 正是由于共识的这种多层次多面相性，生活中的"求同存异"才变得可能。可以说，世界上任何意见存在分歧的人们都有可能在某个问题上达成共识。如果按照这种共识意义上的客观性来理解的话，则本体论解释学视域下的主观法律模型无疑也具有客观性，因为即便是主观法律模型，也不能排除人们刚好可以在某个法律问题上达成共识。特别是在一些简单案件中，解释者对于法律问题达成共识的情形更为多见。

但是，确也不能排除在某些特殊情况下，解释者对法律问题无法达成共识，正如波斯纳所指出的，"对法律来说，问题在于，意识形态相左的探讨者很少能对疑难问题有一致的答案。"[②]比如在美国各级法院内部，合议庭常常无法作出一个全体一致的判决，而是存在不少的异议意见，甚至美国联邦最高法院的不少判决都是通过5:4的微弱多数来决定的。[③] 显然，在这样的时刻，共识性的客观性就难以获得保障了。

为此，波斯纳提出了第三种客观性，这是一种最低限度的客观性，它意指交谈上的客观性，可将其界定为合乎情理，即不任性、不个人化、不政

---

① 参见唐丰鹤：《在经验和规范之间：正当性的范式转换》，法律出版社2014年版，第293~294页。

② [美]理查德·A. 波斯纳：《法理学问题》，苏力译，中国政法大学出版社2002年版，第9页。

③ See Jeremy Waldron, "Five to Four: Why Do Bare Majorities Rule on Courts", *The Yale Law Journal* 123, 2014, p. 1694.

治化。[1] 波斯纳认为,“只有当我们满足在第三种意义上界定‘客观’时,即仅仅将其界定为合乎情理(reasonableness),我们才有可能在自然法和法律虚无主义之间,就法律疑难问题,找到一个中间立场。而所谓合乎情理,就是不任性、不个人化和不政治化(狭义的),就是既非完全的不确定,也不要求本体论意义上的或科学意义上的确定,而是只要有说服力的,尽管不必然是令人信服的解释,并总是伴随有这种解释,就可以修改答案。”[2]

就这种最低限度的客观性而言,主观法律模型是符合的。首先,从解释者个人的角度来说,即便本体论解释学为“主观片面性”作了辩护,证明了解释者不是一面“没有瑕疵的镜子”,但是它也绝对没有说解释者就是“无法无天”的,事实上,解释者还受到法律文本的制约,受到立法者原意的制约,受到社会客观需要的制约,甚至“先见”本身就构成了一种制约。其次,从司法制度方面来说,即便解释者可以任意进行解释,他的解释也必须在合议庭中被多数人接受,才能形成多数意见,决定司法结果,而多数决定规则本身就证明了司法决策不是任意的。

---

① 参见[美]理查德·A. 波斯纳:《法理学问题》,苏力译,中国政法大学出版社2002年版,第9页。

② [美]理查德·A. 波斯纳:《法理学问题》,苏力译,中国政法大学出版社2002年版,第9页。

第四章　社会关系网络中的司法官及其司法决策

人总是处在社会关系之中，阿尔弗雷德·许茨（Alfred Schutz）说："我的日常生活世界绝不是我个人的世界，而是从一开始就是一个主体间际的世界，是一个我与我的同伴共享的世界，是一个也由其他他人经验和解释的世界，简而言之，它对于我们所有人来说是一个共同的世界。"①人总是处在社会关系之中，即意味着行为者的行为总是受到关系网的影响，从这个意义上来讲，行为者的行为从来就不是由他个人所独自决定的，而毋宁说是关系网中诸种力量共同作用的结果。

司法官的行为当然也不例外，就司法决策而言，现有的大量研究已经证实了社会关系网络对法官的司法决策产生了可观测的影响，这些影响大致

---

① ［奥］阿尔弗雷德·许茨：《社会实在问题》，霍桂恒、索昕译，华夏出版社2001年版，第409页。

可以分为法院外部关系网络的影响和法院内部关系网络的影响。就外部关系网络的影响因素而言,有大量文献分析了传媒、舆论对司法决策的影响,①有不少文献分析了大众民意对于司法决策的影响,②有不少文献分析了党政、行政权力对于司法决策的影响,③还有一些文献揭示与分

---

① 参见贺卫方:《传媒与司法三题》,载《法学研究》1998 年第 6 期;顾培东:《论对司法的传媒监督》,载《法学研究》1999 年第 6 期;侯健:《传媒与司法的冲突及其调整——美国有关法律实践评述》,载《比较法研究》2001 年第 1 期;景汉朝:《传媒监督与司法独立的冲突与契合》,载《现代法学》2002 年第 1 期;朱玲:《传媒与司法关系之探究》,载《当代法学》2002 年第 12 期;朱健、王人博:《"媒体审判"负面效应批判——兼论构建传媒与司法间的和谐关系》,载《政法论丛》2006 年第 6 期;李雨峰:《权利是如何实现的——纠纷解决过程中的行动策略、传媒与司法》,载《中国法学》2007 年第 5 期;栗峥:《传媒与司法的偏差——以 2009 十大影响性诉讼案例为例》,载《政法论坛》2010 年第 5 期;焦洪昌:《传媒与司法》,中国人民公安大学出版社 2006 年版;牛锦红:《媒体与司法的博弈:近代中国媒体与司法重大案件研析》,中国法制出版社 2015 年版;陈根发:《司法与传媒》,知识产权出版社有限责任公司 2015 年版;高一飞:《网络时代的媒体与司法关系》,中国民主法制出版社 2016 年版;陈建云:《舆论监督与司法公正》,上海人民出版社 2016 年版。

② 参见陈树森:《博弈与和谐:穿行于法意与民意之间的司法》,载《法律适用》2009 年第 9 期;孙笑侠:《公案及其背景——透视转型期司法中的民意》,载《浙江社会科学》2010 年第 3 期;姜斌:《司法中群体观念的形成机制——司法如何应对民意的前提考量》,载《浙江社会科学》2010 年第 3 期;孔祥俊:《从司法的属性看审判与民意的关系》,载《法律适用》2010 年第 12 期;孙万怀:《论民意在刑事司法中的解构》,载《中外法学》2011 年第 1 期;王启梁:《法律世界观紊乱时代的司法、民意和政治——以李昌奎案为中心》,载《法学家》2012 年第 3 期;于晓青:《司法裁判中的法理与民意》,载《法商研究》2012 年第 5 期;朱兵强:《在封闭与开放之间:民意与司法的关系研究》,法律出版社 2016 年版。

③ 程竹汝:《论依法治国条件下党与司法的关系》,载《政治与法律》2001 年第 4 期;李建明:《论党领导下的司法独立》,载《政治与法律》2003 年第 2 期;江必新:《司法与政治关系之反思与重构》,载《湖南社会科学》2010 年第 2 期;苏力:《中国司法中的政党》,载林端、侯猛、尤陈俊编:《司法、政治与社会:中国大陆的经验研究》,台北,翰芦图书出版有限公司 2012 年版,第 121 ~ 154 页;王广辉:《从政治司法到法律司法》,载《政法论丛》2013 年第 3 期;周永坤:《政治当如何介入司法》,载《暨南学报》(哲学社会科学版)2013 年第 11 期;龚廷泰:《党的领导与司法独立关系之我见》,载《法制与社会发展》2014 年第 6 期;宋方青:《实现司法与政治之间的平衡》,载《法制与社会发展》2014

析了当事人及其律师对法院施加压力从而影响司法决策的现象。①就内部关系网络的影响因素而言,有学者研究了法院内部审判委员会、院长、审判长对司法决策的影响,②还有学者讨论了合议庭成员之间的相互影响。③

另外一种揭示司法官在社会关系网络中所承受的压力或张力的路径,是从司法官所扮演的多重角色入手,这种路径一般是兼及内外的,因

年第6期。不过,行政、党政权力对于司法决策的影响,很多时候是通过法院内部的行政化、官僚制来运作的,因此,有很多着重从法院内部的行政化与官僚体制的角度来分析行政权力与党政权力对于司法的影响,这就是把外在于法院的影响转化成了内在于法院的影响,相关论述可以参见吴英姿:《党政与司法关系的规范化》,载《江苏警官学院学报》2005年第1期;陈瑞华:《司法裁判的行政决策模式——对中国法院"司法行政化"现象的重新考察》,载《吉林大学社会科学学报》2008年第4期;王申:《司法行政化管理与法官独立审判》,载《法学》2010年第6期;王申:《科层行政化管理下的司法独立》,载《法学》2012年第11期;翁子明:《司法判决的生产方式:当代中国法官的制度激励与行为逻辑》,北京大学出版社2009年版;李在全:《法治与党治:国民党政权的司法党化(1923—1948)》,社会科学文献出版社2012年版。

① 苏力:《送法下乡——中国基层司法制度研究》(修订版),北京大学出版社2011年版;孙笑侠:《司法的政治力学——民众、媒体、为政者、当事人与司法官的关系分析》,载《中国法学》2011年第2期。

② 苏力:《基层法院审判委员会制度的考察及思考》,载《北大法律评论》(第1卷第2辑),法律出版社1999年版;陈瑞华:《正义的误区——评法院审判委员会制度》,载《北大法律评论》(第1卷第2辑),法律出版社1999年版;贺卫方:《关于审判委员会的几点评论》,载《北大法律评论》(第1卷第2辑),法律出版社1999年版;鲁智勇:《关于审判委员会制度的思考》,载《北大法律评论》(第1卷第2辑),法律出版社1999年版;程新生:《审判委员会制度研究》,载《政治与法律》2000年第1期;Xin He, "Block Hole of the Responsibility: The Adjudication Committee's Role in a Chinese Court", *Law and Society Review* 46(4), 2012;张洪涛:《审判委员会法律组织学解读——兼与苏力教授商榷》,载《法学评论》2014年第5期;李雨峰:《司法过程的政治约束——我国基层人民法院审判委员会运行研究》,载《法学家》2015年第1期。

③ 袁坚:《刑事审判合议制度研究》,法律出版社2014年版。不过,更多学者研究的却是合议庭"合而不议""形合实独"的问题,参见左卫民、吴卫军:《"形合实独":中国合议制度的困境与出路》,载《法制与社会发展》2002年第2期;林劲松:《我国合议庭评议制度反思》,载《法学》2005年第10期;周永恒:《基层法院法官合议制度的调查与思考》,载《山东审判》2007年第1期;叶榅平:《论我国合议庭制度的完善》,载《法商研究》2010年第6期。

为法官所扮演的角色，既有法院内部网络中的角色，比如作为合议庭的一员、作为法院内部的一员，也有法院外部网络中的角色，比如作为社会的一分子，作为官僚体制的成员，等等。①

既有的研究成果看起来面面俱到，其实却存在不小的缺陷。首先，既有的研究着重从某一个方面来阐述、揭示司法官所承受的社会关系网络的压力，比如，当事人的压力、官员的压力、媒体的压力、民意的压力等，尤其是对于媒体干预司法的研究，可谓已经汗牛充栋，然而，这些研究都还没有从理论上提出和证明一个具有普适意义的命题，即司法官的司法决策并不是纯粹的个人决定，而是深受他身处其中的社会关系网络的影响，有时候可以视为社会关系网络中诸种力量共同作用的结果。其次，国内既有的研究一般认为司法决策受到某些力量（如媒体）的影响是因为没有审判独立原则作为屏障，因而这种影响是非法的、可排除的，其隐含的主张是，一旦我国严格实施了审判独立原则，这些影响将不复存在。但是，这一主张值得仔细推敲。最后，既有的研究没有充分揭示社会关系网络发生影响的力学原理，虽然何海波②和孙笑侠③的研究尝试对这一力学原理进行初步的总结和揭示，但是还远远谈不上成熟与充分。

① 秦策：《法官角色冲突的社会学分析——对司法不公现象的理性思考》，载《南京师大学报》（社会科学版）1999 年第 2 期；史美良：《法官角色的矛盾辨说》，载《浙江学刊》2004 年第 4 期；赵秉志、张心向：《法官角色视野下的裁判理性——以 2005"中国法官十杰"先进事迹介绍为分析范本》，载《法律科学》2009 年第 5 期；陈洪杰：《从程序正义到摆平"正义"：法官的多重角色分析》，载《法制与社会发展》2011 年第 2 期；张晓冰：《法官的角色紧张及其消解》，载《人文杂志》2011 年第 5 期；江国华、韩玉亭：《论法官的角色困境》，载《法制与社会发展》2015 年第 2 期；陆而启：《法官角色论：从社会、组织和诉讼场域的审视》，法律出版社 2009 年版；代志鹏：《司法判决是如何生产出来的：基层法官角色的理想图景与现实选择》，人民出版社 2011 年版。

② 何海波：《实质法治——寻求行政判决的合法性》，法律出版社 2009 年版，第 400 ~ 401 页。

③ 孙笑侠：《司法的政治力学——民众、媒体、为政者、当事人与司法官的关系分析》，载《中国法学》2011 年第 2 期。

第一节　司法决策真的是自主的吗

按照经典的司法决策理论,法官是一个人独立自主地作出决定的,最终的司法决策则是合议庭多数决的结果,可以说,司法决策的基础就是司法官个人的独立决定。然而,这一意象却可能遭遇社会学理论的解构,按照美国社会学大师、拟剧论的创始人欧文·戈夫曼的看法,每个人的社会形象其实是一种刻意表演的结果。戈夫曼把社会看作一个永不落幕的舞台,个人则是社会舞台上的演员。每个人呈现给外界的形象,并不是他最真实的自我,而是表演的结果,每个人都是演员,社会交往和互动就是在别人面前演戏,所以我们看到的人是带着"假面具"的人。"个体会按照一种完全筹划好的方式来行动,以一种既定的方式表现自己,其目的纯粹是为了给他人造成某种印象,使他们做出他预期获得的特定回应。"①每个人呈现给社会的自我或形象是一种表演的结果,这一表演由社会体系这个"剧作家"来控制,正是他给个体的表演设定了剧本,所谓剧本,即"常规程序",是表演主体"在表演期间展开并可以在其他场合从头至尾呈现或表演的预定行动模式"。② 个体必须按照剧本来表演,"剧本期望"是指社会规范对各种社会位置上的角色的限定。比如说司法官,社会体系给出的"剧本期望"可能是一个正直、中立、自主、不偏不倚、明察秋毫的角色形象,任何坐在司法官这个职位上的人,在大众面前都必须按照这种剧本期望和角色形象来表演(虽然换一个观众群体,他可能要变换形象),一个成功的表演将会呈现一个理想化的法官形

---

① [美]欧文·戈夫曼:《日常生活中的自我呈现》,冯钢译,北京大学出版社2008年版,第5页。

② [美]欧文·戈夫曼:《日常生活中的自我呈现》,冯钢译,北京大学出版社2008年版,第12页。

象，而表演也可能由于突发情况而面临崩溃，比如遭遇到无意动作、不合时宜的闯入、失礼和闹剧的情况，[①]在这种情况下，就必须对表演进行补救，比如采取一些保卫措施与防卫措施。[②]

戈夫曼指出，表演有前台区域和后台区域，前台是一种具有较为固定装置的舞台，包括布景和个人门面，以司法官的表演前台为例，布景包括法庭的设施与布局，个人门面又包括了表演者的个人外表与举止，比如，司法官个人的法袍、法槌、端正的坐姿、严肃的神态等。后台则是相对于前台而言的，是表演者休息与准备表演的地方，在这里，表演者往往表现出某种真实的生活状态，比如，餐厅服务员在前台毕恭毕敬地服务于顾客，到了后台（比如厨房）则可能大肆嘲笑、辱骂顾客，司法官在前台（法庭上）可能聚精会神、不偏不倚、独立自主，但是到了后台可能就会流露出对当事人的真实看法，甚至可能充满偏见。正因为后台与前台的反差可能如此巨大，所以，联通前台与后台的区域是“受到严格控制的，目的在于防止观众看到后台，防止局外人涉足不是面对他们的表演”。[③]万一有人成功地从前台潜入后台，则后台的区域马上就会上演一场紧急的表演，从而再次把后台变成前台。

在面对当事人或社会大众这样的观众时，不止是作为个体的法官会表演，而且可能整个合议庭与整个法院都一起相互配合表演，这就形成戈夫曼所说的“剧班”，剧班是“在表演同一常规程序时相互协同配合的任何一组人”。[④] 比如，在合议庭审判中，整个合议庭就构成了一个剧

---

① ［美］欧文·戈夫曼：《日常生活中的自我呈现》，冯钢译，北京大学出版社2008年版，第182页。

② ［美］欧文·戈夫曼：《日常生活中的自我呈现》，冯钢译，北京大学出版社2008年版，第183～201页。

③ ［美］欧文·戈夫曼：《日常生活中的自我呈现》，冯钢译，北京大学出版社2008年版，第203页。

④ ［美］欧文·戈夫曼：《日常生活中的自我呈现》，冯钢译，北京大学出版社2008年版，第70页。

班，他们共同在当事人面前表演自己的专业、中立和自主，而在合议庭退席合议时，他们就处在了后台的位置，这时他们对当事人的评价可能就不再是中立的，他们的决定也可能不再是自主的。

戈夫曼的拟剧理论展示出，个人的行为可以视为一种自我表演（self-presentation），他给别人的形象乃是一种刻意经营的印象整饰（impression management）的结果，因而并不真实——这种真实，是针对个人真实的自我而言的。表演这一理念的关键之处在于，它把个人放在了与观众之间的关系层面来理解个人的行为，个人的行动并不自主，也不真实，它在某种意义上被观众的欲求和期望所决定，起码也可以说是受到观众的强烈影响。更要命的是，表演理论也预设了，表演者可能需要面对不同的观众群体，因此，他可能要进行一些风格不尽相同甚至完全不同的表演。换言之，行为者必须在不同观众面前策略性地谋划自己的行为，以取悦于不同类型的观众。所以，个人的行为、个人的决策实际上是表演的结果，这也显示了，个人深受剧作家与观众的影响，他的行为并不自主。

无独有偶，另一种风格迥异的社会学理论也几乎持有同样的看法，甚至说得还要直白些，这就是马克·格兰诺维特提出的具有广泛影响的社会网理论。格兰诺维特在与经济学家威廉姆森（Oliver E. Willamson，2009 年诺贝尔经济学奖获得者）的对话中指出，社会中的个人并不像经济学家所认为或预设的那样，是一个无牵无挂的、完全听命于自己的自由意志的自主的人，他称经济学家想象的这种人属于“低度社会化”（undersocialized）的人，他们不需要考虑任何意见，只需要在自身利益最大化的基础上做决策，这也是经济学家眼里“正确”的决策方式。同时，格兰诺维特也指出，社会人也不是像某些传统社会学家所认为的那样，他的想法和行动被社会制度和文化所完全决定，所以他的自由和自由意志不过是想象，人一直是被决定的。他称之为“过度社会化”（oversocialized）的人。格兰诺维特指出，无论是“低度社会化”的人的形象，还是“过度社会化”的人的形象，都是不符合事实的，真实生活中的人其实是一种社会关系网络中的人，他生活在社会关系之中，既不是像经济学家想象的那样了无牵挂，万事单凭自己做主，也不是如传统社会学家想象的那样是一个完全的奴隶，没有自由决策的空间，“行为者在行动或决策时既不像运行于社会脉络之外的原子那样自由，也不像完全按照既定剧本行动的奴隶那样毫无自由。”①实际上，人是一种被适度社会化的人，他有自由意志，有自主行动和决策的空间，但是他也受到社会关系网络诸力量的影响，他的行为，要在社会关系网络的框架中进行，他的决策，受到社会关系网络诸力量的强烈影响，由此，格兰诺维特提出了著名的镶嵌（embeddedness）理论，该理论认为个人行为与社会制度都是深深镶嵌在社会关系之中的，受到社会关系的制约。② 随后，格兰诺维特运用镶嵌理论，分析了诸多经济行为与社会行为，诸如集体行动如何可能和扩散的问题，求职过程中的弱关系优势问题，以及现代经济中企业集团问题等，这些研究进一步发现和证实了社会关系网络的强大制约能力。格兰诺维特的研究并没有触及司法官及其司法决策，然而，就镶嵌理论的逻辑自然扩展而言，它也适用于司法行为，司法官也是深深镶嵌在社会关系网络之中，他具有自由意志，却不是完全自主地行动，他是适度社会化的人。

以上引用的社会学理论无疑都承认了行为人并不是在完全自主地行动，而是会受到社会关系网络或观众的强烈影响，如果把这种社会学理论延伸至我们感兴趣的司法官及其决策领域，我们也就可以顺理成章

---

① Mark Granovetter, “Economic Action and Social Structure: The Problem of Embeddedness”, *The American Journal of Sociology* 91(3), 1985, p. 487. 原文是：Actors do not behave or decide as atoms outside a social context, nor do they adhere slavishly to a script written for them by the particular intersection of social categories that they happen to occupy。

② See Mark Granovetter, “Economic Action and Social Structure: The Problem of Embeddedness”, *The American Journal of Sociology* 91(3), 1985, pp. 481 - 482.

地提出社会关系网络影响司法决策的命题,即司法官的司法决策并不是单纯的个人决定,而是他身处其中的关系网中诸种力量共同作用的结果。这样一种洞见显然有别于传统的司法决策理论,该传统理论认为司法官应该独立思考,并独立作出决定,该决定除了受到合议庭多数规则的约束之外,排除任何来自内部和外部的干扰。虽然关系社会学的研究显示司法决策可能受到社会关系网络的影响,但是有必要特别指出的是,我们从来都没有认为,在每一个案件中,司法决策都一定会基于社会关系网络中的力量影响而作出,我们从来都没有认为,司法官个人的自主性是不存在的,实际上,我们认为,在许多案件中(甚至在大多数案件中),司法官的自主决策会战胜他对于其他影响力量的考量,而成为作出司法决策的决定性力量,但是这并不能否认:(1)司法官的决策所要考量的因素是多方面的,既有他自己的看法,也有社会关系网络中各方面的看法;(2)也许大多数时候,司法官自己的看法会压倒其他力量,但是这不等于他从来没有考虑过这些力量;(3)不能否认,也有为数不少的司法决策,其中,社会关系网络中的其他力量会战胜司法官自身的意见,成为作出该司法决策的决定性力量;(4)至于具体的案件决策过程中,何种意见和力量是决定性的,要视具体的情境来定,为此我们必须了解影响司法决策的力学原理。

第二节　审判独立原则真的构成屏障吗

司法官身处社会关系之中,就难免受到关系参加者的影响,从这一前提出发,我们就可以得到一个基本命题,即司法决策会受到社会关系网络的影响。有人可能会质疑说,以上引用的社会学理论即使是真实的或合理的,对于司法官及其司法决策来说也是无效的,质疑者可能会指出,在司法决策领域有一道特别屏障,它可以将任何法律外的影响因素隔绝在外，确保司法官可以独立作出决定——这就是广受赞誉的审判独立原则。[①] 事实上，审判独立原则设计的初衷，就是为了阻止外界对司法官施加影响，对于法律帝国来说，它就像马其顿防线或奥尔良长城那样性命攸关：

> 法官在作出司法决策时，一旦受到他人意见或者任何形式的外部势力和压力的影响或者控制，法官就不复存在了。一个人即便宣称他的决定只是受了他人意见的一点微不足道的影响，他也不是法官……法院必须免于恐吓、控制或者影响，否则就不存在法院。[②]

然而，我们认为，虽然审判独立原则确实很重要，但是要是认为只要有了它的屏障，就可以保障司法官及其司法决策免受社会关系网络的影响就未免太天真了，为了回应这种质疑，我们将社会关系网络影响司法决策的命题进一步分为一个弱命题和一个强命题，并且要一一证明它们。弱命题是，当不存在审判独立原则时，司法决策会受到关系参加者的影响；强命题是，即便存在审判独立原则，司法决策还是会受到关系参加者的影响。

1. 司法决策受到关系影响的弱命题

当审判独立原则不存在时，或名存实亡时，司法决策会受到关系的影响，这一点看起来似乎是显而易见的。从某种意义上来说，如果不存在这种影响，那还要审判独立原则干什么？审判独立原则意欲屏蔽的，不正是关系参加者对于司法决策的不正当影响吗？

审判独立原则假定，当不存在审判独立原则时，司法权将不能保持独立，它将受到立法权尤其是行政权的强力干预，正如许多论者所指出

---

① 德国学者将司法独立列举为八个方面：(1)独立于国家和社会间的各种势力；(2)独立于上级官署；(3)独立于政府；(4)独立于议会；(5)独立于政党；(6)独立于新闻舆论；(7)独立于国民时尚与喜好；(8)独立于自我偏好、偏见与激情。转引自龙宗智：《相对合理主义》，中国政法大学出版社1999年版，第165页。

② [英]罗杰·科特威尔：《法律社会学导论》，彭小龙译，中国政法大学出版社2015年版，第205页，译文根据英文版作了调整。

的，司法权本身是主权中最为弱小的一支，因此容易遭受其他身强力壮的同伴的“欺负”，[①]所以，才有必要强调审判独立。审判独立，即要损有余而补不足，营造权力的均衡态势。

当不存在审判独立原则时，法院作为一个机构也无法独立，因为它将受到行政机构、立法机构的强行干涉；同样，当不存在审判独立原则时，法官作为个人也无法独立，因为将会有立法官员、政府官员对他横加干涉，干扰他的独立思考和判断。这就是设置审判独立原则的意义所在，因为司法必须要确保法官人格独立、法院机构独立，以及司法权力本身独立。

如果没有审判独立原则，那么除了以上指明的行政权、立法权对司法进行干预之外，还有法律共同体或其他专业共同体可以对之进行专业意见干涉，媒体、民众可能进行社会舆论干涉。

在审判独立原则之下，媒体虽然仍旧享有媒体自由，但却不免在许多方面受到审判独立原则的限制。比如在英国，通过报道禁令制度限制了媒体的报道权（媒体只能报道嫌疑人的姓名、地址、涉嫌罪名、犯罪概要、辩护人姓名、法官的姓名、有无交保、开庭时间、法院的决定九项内容）；当媒体报道损害公平审判时，法院可以处以藐视法庭罪；媒体的不公报道，可以作为本案上诉的理由。德国则建立了法院新闻发言人制度来为媒体提供特定的信息，同时还可以拒绝提供未审结案件的资讯。[②]《媒体与司法独立关系的马德里准则》虽重申了媒体自由，但是也对审判独立表达了尊重，要求媒体报道必须符合“无罪推定”原则。[③] 我国最高人民法院《关于人民法院接受新闻媒体舆论监督的若干规定》指出，对正

---

① 汉密尔顿认为“司法机关是分立的三权中最弱的一个”，所以需要司法独立。参见汉密尔顿等：《联邦党人文集》，程逢如等译，商务印书馆1980年版，第391～392页。

② 参见高一飞：《媒体与司法关系研究》，中国人民公安大学出版社2010年版，第31～46页。

③ 参见《关于媒体与司法独立关系的马德里准则》导言、第1条、第4条。

在审理的案件报道严重失实或者恶意进行倾向性报道，损害司法权威、影响公正审判的，可以追究相应法律责任。① 以上审判独立原则对于媒体自由的限制，对于专业共同体的表达自由来说也大致适用。而如果没有审判独立原则，则所有这些禁制将不复存在，媒体在报道案件时，难免会进行有倾向性的法律评价和价值评判，专家在分析案件时，也难免会提出自己的一偏之见。② 这些意见和舆论显然会干扰司法官的正常裁判。比如在轰动一时的"刘涌案"中，在案件审判之初，权威媒体新华社就发表了两篇通稿《沈阳"黑道霸主"覆灭记》《"黑道霸主"是如何"当"上人大代表的》，文中早早将刘涌定性为"血案累累、独霸一方的'黑老大'"。③ 权威媒体的这种定性很难不对"刘涌案"的最终判决产生影响。

如果没有审判独立原则，法院系统内部，尤其是法院领导就可以不顾法官个人独立的要求，对法官裁判活动进行干预。鉴于法院内部同事或领导与司法官之间有重大的利害关系，他们对司法官的影响是不容小觑的。从某种意义上来说，法院领导是法院接受外部信号的一个接收器。相比一般法官而言，法院领导对案件的政治影响、社会影响更加敏感，所以他们更易受到外部观点的影响。由于法院领导在行政管理体制中的强势地位，他们往往能够将外部观点传到甚至强加于法官头上。比如在诸多民意案件中，根据学者的研究，民意并不是直接影响法官的，而是先通过影响行政部门领导，再由行政部门领导影响法院领导，最后由法院领导对法官进行干预。④

---

① 参见《关于人民法院接受新闻媒体舆论监督的若干规定》第9条。

② "于欢案"所遭遇的评论可以佐证我们的这一看法，类似于陈兴良、周光权、邱兴隆等学者目前都已对案件裁判作出了具有明确立场的评论。

③ 参见何海波：《实质法治——寻求行政判决的合法性》，法律出版社2009年版，第389页。

④ 参见孙笑侠：《司法的政治力学——民众、媒体、为政者、当事人与司法官的关系分析》，载《中国法学》2011年第2期。

没有审判独立,司法官甚至无法抗拒熟人关系的影响。中国向来是熟人社会,熟人之间讲究"情面"——一种看不见摸不着,却对我们的生活产生重大影响的东西。在这种讲究"情面"的社会大环境下,一个案件,尤其是那些具有重大利益关系的案件,一旦进入法院,司法官的家往往会"说客盈门",而司法官很难做到"像教科书或宣传材料上所要求的那样'秉公执法、严格执法',将一个个亲戚朋友都拒之于家门之外"。① 这样看来,司法官受到熟人的影响也就在所难免了。

所以,以上这些论证表明,在没有审判独立原则的前提下,司法官所处关系的参加者极有可能对司法决策活动施加不利影响。从这个意义上说,司法决策受关系影响的弱命题是成立的。

2. 司法决策受到关系影响的强命题

司法决策受关系影响的强命题主张即使在存在审判独立原则的前提下,司法决策仍不免受到关系的影响。在这里,我们必须认识到:(1)关系有时意味着利害性,利害性会产生影响力,并且利害性与影响力之间具有非常直接的正相关关系,即利害性越强,影响力越大,利害性越弱,影响力越小。这是一个心理学事实,也是一个基本的社会事实。从这一点出发,什么人最能影响我们的观点?肯定是那些与我们具有利害关系的人,这些人有些是我们亲近和信任的人,有些是我们敬畏害怕的人,还有些则与我们没有直接的生活关联,但是他们却是可以影响到我们利益的利害关系人。正是由于我们与他们之间的利害关系与纽带,他们对我们产生了影响力,影响力又改变了我们本来内生(endogenous)的观点。(2)即使关系并没有利害性在里面,出于人的自我建构、自我表演的需要,行为者也会在意他人的看法,并根据观众的看法来调整自己的行为。所以,行为者的行为依然可以被解读为植根于社会关系网络之中

① 苏力:《送法下乡——中国基层司法制度研究》(修订版),北京大学出版社2011年版,第88页。

并受社会关系网络诸力量的影响。

上述(1)的主张,即人们的行为受利害关系的影响可能并没有让人惊奇的地方,(2)的主张,即人们的行为受认同关系的影响可能有点出人意料,但是在社会学里已不算新鲜,比如前述戈夫曼的拟剧理论就充分地说明了这一点,而在司法决策领域,劳伦斯·鲍姆(Lawrence Baum)也立足于戈夫曼的拟剧理论展开了相关研究。大致来说,鲍姆的研究假设前提为三点:第一,人们想要得到重要人物的喜爱和尊重。第二,这种想要获得喜爱与尊重的欲求影响到了人们的行为。第三,就这些方面来说,司法官跟平常人并没有什么不同。① 鲍姆因此将美国法官(他们是受“司法独立”原则所保护之人)的司法决策视为一种“自我表演”,鲍姆立足于戈夫曼的拟剧理论,认为人们想要获得别人的热爱与尊重,特别是来自那些对他们的社会身份来说重要之人的热爱与尊重,他们为获得这种热爱与尊重所做的一切可以被视为在刻意打造某种美好形象,从而给别人留下良好印象,这就是所谓的自我表演或印象整饰。② 自我表演具体分为工具性自我表演和个人性自我表演,二者恰好对应于前述利害性的关系与认同性的关系:(1)工具性的自我表演:人们以特定的方式展示自己,以便从观众那里获得某种具体的东西,或者说,是策略性地投其所好,以便达成所愿。(2)个人性自我表演:人们之所以进行自我表演,只是因为他们想获得别人的热爱与尊重本身,而不是热爱与尊重之外的其他目标。从一个更深的层面来说,这种自我表演受到理想“自我”概念的驱动,希望拥有一个良好的社会形象,从而获得自尊,这也是人性最深

① See Lawrence Baum, *Judges and Their Audiences: A Perspective on Judicial Behavior*, Princeton University Press, 2006, p. 25.

② See Lawrence Baum, *Judges and Their Audiences: A Perspective on Judicial Behavior*, Princeton University Press, 2006, p. 28. 鲍姆在注释中明确引用了戈夫曼的名著《日常生活中的自我呈现》。

处的一种与生俱来的渴求。[①] 不过，自我表演的工具性动机和个人性动机常常是交织在一起的，以至于它们会彼此强化。这种自我表演式的司法决策很多时候并非出自真实的自我，而是表演给观众看的，鲍姆指出，司法官经常要面对的观众包括：法院同僚、政府部门、社会大众、社会群体、专业群体、政策群体、新闻媒体等。他的司法决策很多时候就是面向这些观众或讨好这些观众而作出的，因此，即使具有运作良好的审判独立原则，司法决策仍是表演的结果，仍是社会关系网络互动的产物。具体而言，比如法官是否接受法院同僚的看法，鲍姆指出，法官在决策中经常考虑到彼此，这种同事之间相互影响的机会开始于写作法院的试探性意见书直至每位法官形成最终立场的这个决策过程的各个阶段。意见书的写作者可能会把同事们的意见加入意见书的初稿当中，以说服其他法官改变自己的立场，为了赢得同事的支持，意见书会被不断修改，妥协可能进一步发生。[②] 法官为什么会接受法院同僚的看法呢？对此，鲍姆从社会学角度进行了解释："法官们希望同事认为自己是合作的，拥有团队精神，是好的工作拍档。法官从自己的判决意见中得不到什么有形的好处，所以他们不难放弃自己所偏好的判决，以此来换取来自同事的好感和尊重。"[③]来自同事的好感和尊重不仅是一种心理的愉悦，而且也是一种对个人来说重要的利益。至于一般性的社会大众对于司法决策的影响，鲍姆首先考察了受选举影响很大的州法官，发现州法官对于公众认同本身的兴趣强化了公众对于选举产生的法官之司法决策的影响，不仅如此，对于基本不受选举影响的最高法院的大法官而言，他们也明显表现出了对公众意见的关注。法官为什么要接受公众的看法，这首先是

---

① See Lawrence Baum, *Judges and Their Audiences: A Perspective on Judicial Behavior*, Princeton University Press, 2006, pp. 28 – 29.

② See Lawrence Baum, *Judges and Their Audiences: A Perspective on Judicial Behavior*, Princeton University Press, 2006, p. 51.

③ See Lawrence Baum, *Judges and Their Audiences: A Perspective on Judicial Behavior*, Princeton University Press, 2006, p. 57.

因为公众的弥散性支持对于法院的权威来说非常重要;其次是法官内心对于公众认可的关切,每个人都希望在公众面前拥有一个正面甚至是光辉的形象,这对法官来说,是一个难以抗拒的诱惑。[①] 就政府部门的影响力而言,人们普遍的看法是在美国这样一个权力分立而又制衡的国家,法院的司法决策可能会受到行政与立法部门的刁难,并且司法官个人的前途有时也与政府官员息息相关,所以,司法官可能基于此种预期而调整自己的决策,鲍姆虽然认为这里存在一定的不确定性,但是他补充说,考虑到政府官员是一种特殊类型的观众,与官员持续的关系可能会影响司法官在特定案件中的选择。[②] 如社会群体与专业群体,鲍姆的考察指出,虽然社会群体并不能直接推翻司法官的决策,但是社会群体拥有强大的凝聚能力与动员能力,曾经在种族平等和妇女权利保障等案件中发挥了至关重要的影响,而专业群体主要包括法官、律师与法律学者,他们都是内行人,法律职业群体是法官司法决策最专业、最经常的评论者和批评者,显而易见,法律职业群体是法官最重要的参照群体或观众之一。鲍姆认为,与来自更为分散的群体的认同相比,法官更为关心专业群体对于自己工作的评价,因此其司法决策也更容易受专业群体的影响。[③] 再如政策群体,他们是分享特定政策立场或意识形态取向的一群人,一些政策群体以诸如利益团体这种具体组织形式表现出来,但是很多政策群体都是非正式的、边界不那么清晰的。政策群体之所以对法官重要,可能是工具性的原因,主要是因为他们能够影响法官达成职业目标。但对于有着稳固任期的法官而言,利益群体的潜在影响力主要来自法官对

---

① See Lawrence Baum, *Judges and Their Audiences*: *A Perspective on Judicial Behavior*, Princeton University Press, 2006, pp. 60 – 72.

② See Lawrence Baum, *Judges and Their Audiences*: *A Perspective on Judicial Behavior*, Princeton University Press, 2006, pp. 72 – 85.

③ See Lawrence Baum, *Judges and Their Audiences*: *A Perspective on Judicial Behavior*, Princeton University Press, 2006, pp. 88 – 117.

于他们的个人认同。[①] 最后是新闻媒体，鲍姆认为新闻媒体对法官而言有可能在两个层面是很重要的：第一，媒体是法官与他们所在意的其他受众之间的媒介。寻求公众认可的法官特别依赖媒体对其司法意见和他们本人的报道。第二，新闻媒体所说的话本身可能对于法官而言是重要的，因此媒体就构成了一个独立的司法受众，媒体就法官及其司法决策所印刷和广播的信息是对他们的工作进行的有着独立生命力的有形描述和评价。因此，法官可能基于影响媒体报道或者赢得有利的宣传动机而采取策略性行动或表演。[②]

鲍姆的研究其理论基础正是前述戈夫曼的社会角色自我表演理论，因此，他的研究可以被视为相关社会学理论在司法行为领域的一次应用，对于我们来说，他研究的价值在于，其说明了在一个审判独立原则被遵循得非常良好的国家（美国甚至被作为审判独立的典范），社会关系网络依然发挥着它的影响作用，所以，司法决策受到社会关系网络的影响，这是审判独立原则所屏蔽不掉的。

审判独立原则并非没有积极意义，起码它旨在屏蔽掉那些不正当的影响，比如权力的强制性干预、领导打招呼、民意挟持司法等，但是审判独立原则屏蔽不掉那些正当的、构成人的社会生活本身的那些影响，即正常的社会交往与自我表演。然而，一旦审判独立屏蔽不掉这些正常交流的话，那么就不能阻止司法官受到外部力量的影响，也即不能否定司法决策受关系影响的强命题。

---

① See Lawrence Baum, *Judges and Their Audiences: A Perspective on Judicial Behavior*, Princeton University Press, 2006, pp. 118 – 135.

② See Lawrence Baum, *Judges and Their Audiences: A Perspective on Judicial Behavior*, Princeton University Press, 2006, pp. 135 – 155.

第三节 司法官处在何种社会关系之中

显然,传统的孤立司法官的视角存在重大的理论盲区,即它并没有将司法官放在社会关系网络的力学原则中去观察和解释司法决策行为,因此它也就看不到司法决策其实是诸种力量角逐和平衡的结果。相反,传统理论通过审判独立原则,似乎是想将所有这些相互拉扯的力量除之而后快,以此来保障司法的中立性。

然而,从经验的层面来看,人总是处在社会关系之中,人不可能不受外部力量的影响,其实审判独立原则也正是看到了这一点,从而试图通过设置某种防火墙来屏蔽这种影响,但是,问题是这种防火墙顶多只能屏蔽掉某些不正当的影响,却不可能屏蔽掉那些正当的影响,对此,传统的审判独立理论并没有分辨清楚。

人总是处在社会关系之中,并且受到各种力量的拉扯。对于司法官来说,他到底处在什么样的社会关系之中,对他构成影响的力量又有哪些呢?对此,我们不妨结合我国法官的具体情况作一个初步的梳理。

1. 合议庭

按照我国诉讼法的规定,法院审理案件应该组成合议庭,合议庭由单数的法官或人民陪审员构成。合议庭本身就是一个关系的概念,单个的法官作为合议庭的一员,他的意见要想变成判决结果,就必须在合议庭中形成意见联盟,使他个人的意见变成多数意见。为此,司法官必须从关系的角度来思考他的司法意见,有时不得不进行妥协,以获得其他合议庭成员的支持,也就是说,他必须进行策略性思考。“法官在决策过程中经常考虑彼此,同事们相互影响开始于写作法院的试探性意见直至每位法官形成最终立场的这个过程的各个阶段。”[①]当然，就我国的国情而论，我国法院内部的合议庭存在一种异化的现象，即合议庭里也有鲜明的主次甚至上下之分，合议庭的合议很多时候变成了主审法官（或级别最高者）的一言堂，资历尚浅的法官或人民陪审员意见不受重视，这似乎是司法行政化的一个结果。但即使是此种异化的合议庭，也仍然存在意见协调与妥协的问题，比如主审法官与资深的人民陪审员之间关于处罚数额或刑期长短的协调与妥协。

2. 法院内部领导

虽说法官没有上级，唯一的上级就是法律本身。但是实际上，在此轮司法体制改革之前，中国法院内部的科层化、官僚制特征非常明显，司法决策也带有明显的行政化倾向，也因此，我国的司法官之司法决策受领导影响是经常之事。司法官之司法决策不仅受法院内部领导的影响，而且还受到法院外部领导的影响，不过，正像有学者揭示的那样，法院外部领导往往是通过影响法院内部领导来影响法官的，[②]所以，我们这里暂且只考察法院内部领导层面。[③] 对于一个普通司法官而言，他的内部领导可能包括了副庭长、庭长、副院长、院长、政治处主任、纪检组长、审判委员会专门委员等，按法院的现实情况，法官对于有来头、没把握、可能造成不良社会影响之类的案件，在最终判决之前，都会请示主管的副庭长、庭长，他们又会逐级请示副院长、院长等人，甚至可能提交审

---

① Lawrence Baum, *Judges and Their Audiences: A Perspective on Judicial Behavior*, Princeton University Press, 2006, p. 51.

② 参见翁子明：《司法判决的生产方式：当代中国法官的制度激励与行为逻辑》，北京大学出版社2009年版，第103页。

③ 法院外部领导与办案法官认识从而直接打招呼，这个应该属于熟人影响司法的范畴，可以放在熟人关系里考察；另外，法院外部领导通过机构之间的互动来影响司法，应该属于法院与党政、行政、立法机关关系的层面。

判委员会,[①]这样,司法官就把自己置于与法院内部领导的关系网络之中,他很难根据自己的想法独立判断,而必须照顾"上面的"想法,提出迎合他们的意见。

3. 二审法院

由于两审终审的制度设定,一审司法官在进行司法决策时,为了避免自己作出的司法决策在二审时被推翻,一般都会提前考虑二审法院的意见,有些司法官甚至就一些自己难以把握的问题提前与二审法院法官沟通。无论这种提前沟通的做法是合法还是违规,总之,司法官是将自己置于二审法院的关系之中,这种法律思维是一种典型的关系思维,即不仅考虑自己的看法,还会考虑其他人的看法。

4. 法律共同体

把司法官的关系网络扩散开去,有些案件可能会进入法律共同体的讨论范围,特别是律师、法律研究团体等将对案件进行讨论、辨析、批判,这种专业意见将会对司法官构成巨大的压力,因此,司法官在处理这样的案件时,他的思考绝对不会只停留于个人信念之上,而是要提前把握法律共同体的想法,这样,他也就处于自身与法律共同体的力学关系中了。

5. 行政和立法机构

按照西方的三权分立学说,司法权作为主权的一个分支,它与行政权、立法权相并列;按照权力制衡的学说,司法权、行政权、立法权相互牵扯。这表明,司法权处在一种复杂的权力关系中并接受行政权、立法权

---

① 根据《法院组织法》第10条的规定,重大的或者疑难的案件会交由审判委员会讨论决定。另根据苏力先生的实证研究,提交审判委员会的案件主要有:社会影响大、社会反响强烈的案件;人大、政府或其他机关干预的案件;法律疑难、不好定性的案件。参见苏力:《送法下乡——中国基层司法制度研究》(修订版),北京大学出版社2011年版,第76页。而李雨峰先生通过实际参与,认为提交审判委员会的案件类型主要包括:领导关注案件、大额案件、疑难案件、压力型案件、分权型案件、当地高级人民法院规定的案件。参见李雨峰:《司法过程的政治约束——我国基层人民法院审判委员会运行研究》,载《法学家》2015年第1期。

的制约。从实践层面来看，行政权往往呈现出主动而强势的特征，因此对被动而弱势的司法权往往具有较强的影响力，甚至形成一种支配与被支配的状态，在我国的社会语境中行政权往往越出权力的边界，对司法进行直接的干涉，即使不越出权力的边界，行政权具有的强影响力也是绝对不能忽视的。拥有立法权的立法机关也一样，它是法律的制定机关，是法律文本的作者，是法律生命最初的创造者，因此，它的原初意图（original intention）对于适法的法官来说是至关重要的，并且立法机关拥有一种特殊的权力，如果某个重要的司法决策不符合它的意愿，它可以通过重新立法或法律解释来否定该判决。

6. 媒体、民众

特定的案件不仅会扩散至专业共同体，甚至会引发媒体与民众的直接反应。这就是长久以来在“媒体与司法”这一主题下所讨论的问题。论者大多认为媒体干预司法是不合法的，有违审判独立的精神，但是这样的分析显得千篇一律而且不免有隔靴搔痒之感。在笔者看来，媒体干预司法不是应不应该的问题，而是一个现实存在的问题，并且即使是在西方那些被认为是审判独立典范的国家，也依然存在媒体与民意对司法决策的可观测的影响。在我国，孙笑侠先生总结了媒体与民意影响司法决策的八种典型情况：（1）民众从感情上、道德上无法认同法律的逻辑，从而群情汹涌，干扰司法，如“刘涌案”中因刑讯逼供认定证据无效，而民众却认为只要证据真实就应有效。（2）民众迫使法院认同大众的情感和道德，按照民意所向作出或调整其司法决策，如因交通肇事罪而被判处死刑的“张金柱案”。（3）民众无法理解专业的法律问题，仅仅觉得结果不合适，从而干预司法并导致法院进行调整，如“许霆案”。（4）民意所向导致法院调整了司法程序，如“彭宇案”法院两头不讨好，所以由判决改为调解。（5）民意汹涌，但司法官坚持独立判断，岿然不动，如“胡斌飙车案”。（6）民意影响了司法决策，导致良好的法律效果与社会效果，如“崔英杰案”。（7）法官在法律与民意之间进行了折中处理，如机场女工“梁丽案”。(8)通过个案讨论,民意促进了相关制度的完善,如“孙志刚案”。[①] 我国的媒体有其特殊之处[②],但是不可否认的是,司法官在从事司法决策时确实不得不处理与媒体和民意的关系。

7.熟人

人生活在社会之中,要与不同的人打交道,打交道的次数多了,有了一定的感情基础,就会相互变成熟人。在这里,我们说的熟人指的是与司法官有一定交情的人,熟人对于司法官的影响力正来源于这种交情。一般而言,无论中外,司法官都受到熟人关系或多或少的影响,尽管有照章办事、公事公办的法规章程,尽管有铁面无私、一视同仁的职业伦理,但是熟人关系似乎颇有点无孔不入的劲头,尤其是在中国这样一个伦理社会更是如此,鉴于中国式熟人关系的特殊性和强大影响力,我们还将在下一章专门讨论此一话题,于此不赘。

第四节　司法力学原理为何

现在,必须进一步说明的是,社会关系网络究竟是怎样影响司法决策的?也就是说,要揭示影响司法决策的力学原理为何。

按照我们的理解,司法决策最终就是由一个个力量相互作用而得出的结果,这些力,包括了党政机关的力量、二审法院的力量、媒体与民意的力量、人情关系的力量、专业群体的力量、法院内部领导的力量、合议庭的力量等,当然,如果我们把司法官独立思考得出的看法也视为一种

---

① 孙笑侠总结了民意影响司法的八种情形,参见孙笑侠:《司法的政治力学——民众、媒体、为政者、当事人与司法官的关系分析》,载《中国法学》2011年第2期。

② 比如,我国的媒体素来是定位为“党和政府的喉舌”,具有准官方的身份,即使商业性的媒体,也会在设立与监管上受到严格管制,所以,媒体本身就不够独立,具有依附性。

力量的话，它也是能够决定司法决策的诸多力量之一。由于司法官个人意见的地位不同寻常，它所拥有的力量应该被视为决定司法决策的主导力量，出于这一考量，我们可以将司法决策的力学描绘如图 4－1 所示：

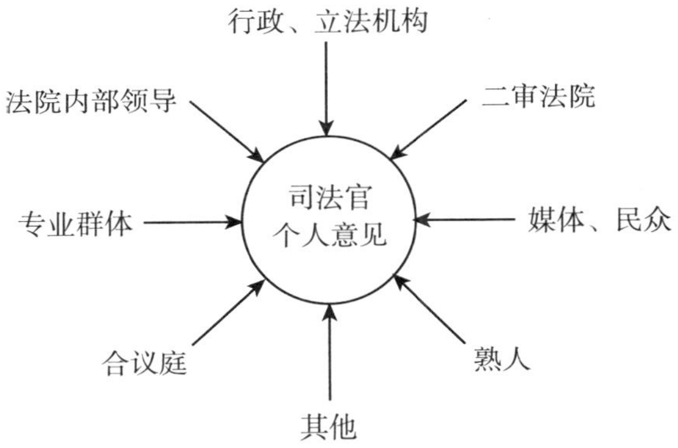

图 4－1　司法决策的力学

以司法官为中心，这些影响司法决策的力量可以划分为外在的力与内在的力。内在的力主要指的就是司法官对个人意见的偏好与坚持；外在的力则包括了所有社会关系网络中的主体对于司法官提出的看法、要求和意见。如果将所有外在于司法官的力视为一个整体的话，则司法决策就可以被视为司法官个人意见与外界意见角力的结果，总体来说，如果要把司法官坚持自我视为影响司法决策的主导性力量的话，则司法决策最终就是在坚持自己的意见与接受外界的意见这两个端点的中间地带的某个地方作出，到底是偏向自己的意见还是偏向外界的意见，要视乎两种力量的对比来决定，所以，司法决策的作出可以用这样两个力学图来表示：

情形 1：当司法官意见之力胜过外界意见之力时，司法决策的决策点（D）将偏向于司法官意见（图 4－2）。

情形 2：当司法官意见之力弱于外界意见之力时，司法决策的决策点（D）将偏向于外界意见（图 4－3）

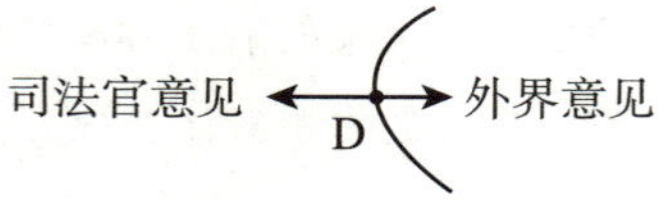

图4-2　司法决策的决策点

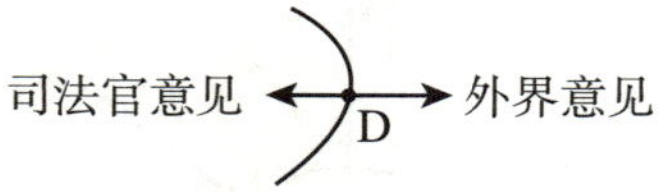

图4-3　司法决策的决策点

要一劳永逸地揭示出司法决策的力学原则是不可能的，我们仅仅可以说，强的力要大于弱的力，最后胜出的观点肯定有一股较强的力量在支撑。我们还可以进一步揭示一些司法力学原理。

首先，坚持自己的观点是一种相当强的力量。在这个社会里，每个人都有自我认同的需要，人们在群体生活中，需要感到自己被需要，被重视，意见被倾听，人格被尊重。这一点对于理解人们的行为非常重要，“人类的一个基本需求就是自我感觉良好，”①这一需要很根本，就像两位心理学家说的：“即使绝少有原则能得到普遍地接受，但是人们有动力去维持和提高自尊这一命题却取得了公理的稀缺地位。”②这种需求也解释了日常生活的一些现象，比如人们在微信朋友圈的发言，即便这种发言对发言人没有任何实际的好处，但是这种可以表达意见并被别人看到、重视、点赞，甚至是讨论的感觉令人感到愉悦。对司法官来说也一样，他产出了一种观点，这种观点如果能够影响他人，成为司法决策的基础，这对于司法官来说是一个巨大的自我肯定，因此，不论司法官还有没有别的动机，就光是精神愉悦或自我确认这一点而言，坚持自己的观点

---

① Brown, Jonathon D., *The Self*, Mcgraw-Hill, 1998, p. 193.

② Leary, Mark R. & Deborah Downs, *Interpersonal Functions of the Self-Esteem Motive: The Self-Esteem System as a Sociometer*, *in Efficacy, Agency, and Self-Esteem, ed. Michael H. Kernis*, Plenum Press, 1995, pp. 123－144.

就具有十分重要的价值,这种心理因素也增强了司法官个人观点的力量。

其次,力量有着“差序格局”。[①] 这里的“差”,指的是人与人之间的关系有亲疏远近之分,而根据关系的力学原理,对于司法官而言,越是与他有亲密信任关系的人,对他的影响力也就越大。这一原理可以得到很好的理解,因为就平等的主体而言,影响力本身来自于信任关系,所以,信任度越高,影响力也就相应越大。比如有些律师与法官是同学关系,那么,法官对该律师的话便可能重视一些,这是人情之常,并不是因为徇私枉法所造成的。这里的“序”,指的是关系的上下位阶,“差”说的是横向关系,而“序”说的是纵向关系。我们应该要注意到,司法官是处在一种权力体制中的,体制中有上位者、下位者,影响力相应有所不同,司法官作为体制的参与者,体制内的上位者也就是强权者,对司法官具有更大的影响,甚至是压倒性的影响,这其实是由权力的等级本性决定的。笔者曾经听到这样一个真实的“司法故事”:原被告双方为了胜诉,各自找一位领导帮自己“打招呼”,后来,在得知对方也打了“招呼”之后,双方又各找了一位更高层级的领导“打招呼”,即本案总共有四位领导打了“招呼”,原被告方各两位。主审法官被逼无奈,竟然在法庭上对双方当事人说:“你们不要再找人了,这个案子我没法判,只能按照某某某(他是这四个人中官职最大的那位)的意见办。”这里法官为什么要听“某某某的意见”,这就体现了关系格局中的“序”:权力层级越高,影响力越大。可以说,在纵向关系中,起作用的并不是亲密性,而是级别本身。

再次,观点波及面越广,则影响力越大。按照力学的特点,力的波及面越广,那么把这些力聚拢起来,产生的力越强。从这个观点来看,媒体和民众虽不是“差”格局中的亲密者,也不是“序”格局中的高位者,但是

---

① 差序格局的说法参见费孝通:《乡土中国·生育制度》,北京大学出版社1998年版,第24~30页。

由于其特有的波及面广的特点,因此也拥有超强的影响力。

这就是法官对媒体报道感兴趣的原因,法官并不像我们所想象的那样与世隔绝,不接触媒体,对媒体报道无动于衷,真实的情形可能是,他们在背后积极地搜集案件裁判的相关报道。比如说,针对美国法官的研究表明,布莱克(Hugo Black)和法兰克福特(Felix Frankfurter)对涉及自己的负面文章进行了注解,还有研究者在大法官的卷宗中发现了“许多有关具体案件的新闻故事和社论的剪报”,戴维斯(Richard Davis)发现美国联邦最高法院的信息公开官员会向大法官们报告有关最高法院和大法官个人的媒体报道,[①]布莱克曼(Harry Blackmun)大法官非常关心记者对自己的批评,托马斯(Clarence Thomas)大法官则凭借自己超强的记忆力记住了“有关自己的负面文章的发表日期与作者的姓名”。[②] 媒体对法官的影响力如此之大,以至于产生了一种所谓的“格林豪斯效应”(Greenhouse Effect,格林豪斯是《纽约时报》的主要法院记者,她的报道对法官影响巨大,大法官的司法意见越开明,越倾向于自由派,她的报道就越正面,结果她的报道也促成了许多保守派大法官左转,典型人物就是布莱克曼,所以又称布莱克曼效应),作为“格林豪斯效应”当事人的希尔伯曼(Laurence Silberman)说:“在我当法官之前,我并没有完全理解新闻报道会对法官产生多大影响……因此,我今天能够理解一些法官发生变化的原因了。最为常见的情况是,这是因为他们密切关注报纸中对于自己意见书的描述。”[③]

也许正是意识到了媒体的巨大影响力,我国学者也对“传媒与司法”的关系投入了大量的精力,而许霆案则是媒体强大影响力的一个最为显

---

① Richard Davis, *Decisions and Images: The Supreme Court and the Press*, Prentice Hall, 1994, pp. 56 – 57.

② Lawrence Baum, Judges and Their Audiences: A Perspective on Judicial Behavior, Princeton University Press, 2006, p. 137.

③ Lawrence Baum, Judges and Their Audiences: A Perspective on Judicial Behavior, Princeton University Press, 2006, p. 139.

著的例子，在民意的压力下，法官被迫将许霆的刑罚从无期徒刑改判为5年。

最后，力量联盟。正如力学原理所揭示的那样，力是可以联合、积累的，当两股较小的力作用在了同一个方向上，它们有可能胜过一股本来较强的力。在司法决策过程中，力来自不同的主体，我们往往想当然地认为这些力诉求都不一致，但是实际上，这里不同主体力的诉求很可能有一部分彼此接近，甚至完全同向，这时候，便会产生力的联合问题。假设针对某个案件产生了两种主要的意见 A 和 B，那么很可能一些力共同偏向 A 意见，另一些偏向 B 意见。这时候，对决的就不是单个力了，而是倾向于 A 意见的力量联盟与倾向于 B 意见的力量联盟之间的对决（图 4－4）。

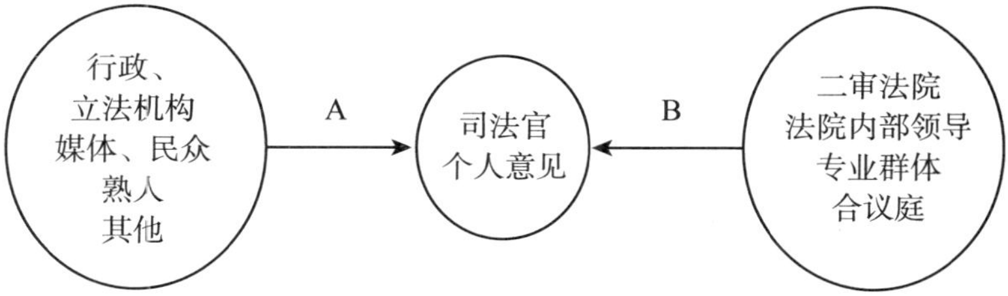

图 4－4　司法决策中的力量联盟

比如在民意影响司法的案件中，民意有时起决定性作用，有时又发挥不了任何影响，何海波教授总结了其中的规律，他指出：当专家意见与公众意见相同时，民意对该案具有压倒性力量，比如"孙志刚案"即是如此；当公众意见分歧或者专家意见与公众意见相左时，影响力明显减弱，比如讨薪不成而杀人的"王斌余案"即是典型。①

① 何海波：《实质法治——寻求行政判决的合法性》，法律出版社 2009 年版，第 400～401 页。

第五节 结语

一直以来,我们都认为司法决策是司法官独立、自主行动的结果,然而,从戈夫曼的拟剧理论与格兰诺维特的“镶嵌”理论的视角来看,这一传统意象可能根本就不能成立。按照戈夫曼的拟剧理论,司法决策可以被看作司法官在相关观众面前进行的刻意表演的结果,它深受剧本与观众的影响,因此,很多时候不一定代表法官个人的真实想法;按照格兰诺维特的“镶嵌”理论,司法官是深深地嵌在社会关系之中的,他的司法决策可以视为社会关系网络诸力量相互拉扯的结果。这两种具有广泛影响的社会学理论都在一定程度上解构了独立的法官自主地作出司法决策这一关于司法决策的传统意象,而我们的讨论也表明,构成法律帝国疆域之保护神的审判独立原则也并不能改变司法决策受社会关系网络诸力量影响的事实。

基于此,我们有必要采取一种现实主义的视角,了解司法官身处的社会关系网络,并将司法官之司法决策视为司法官意见之力与外界意见之力相互角力、相互平衡的结果,这就是所谓的司法决策的力学机制。我们也对司法决策的力学原理进行了探讨,但是必须指出的是,这种探讨还相当初步,有待于结合个案展开进一步的深入研究。

第五章　中国语境中的关系与司法决策

司法决策是镶嵌在社会关系之中的,因此,它会受到社会关系网络的强烈影响。这里的关系一词是暧昧不明的,它既可能指普泛意义上的人际关系,也可能指中国特色的那种熟人关系,我们前面的研究已经指明了普泛意义上的人际关系会影响到法官的司法决策,本章的研究,则旨在说明这种中国特色的熟人关系会(更加强烈地)影响法官的司法决策。

第一节　中国语境中的关系与关系学

中国历来被认为是一个关系社会、人情社会或伦理社会,[①]关系被认为是个人生存与成功的必备技能和有力武器,关系甚至被认为在中国的社会发展与经济发展中扮演着重要的角色。[②]

在中国语境中,关系指涉的内容与西方的"relationship"或"interpersonal relationship"有所不同[③],所以为了与英语有所区别,中国特色的关系直接被翻译为"guanxi",这种关系,不单纯是"一个或一个以上的个人或团体与一个或一个以上的个人或团体间相互作用,相互影响的状态",[④]而是混杂了感情与利益的因素,是一种特殊主义的、以感情为基础的、具有利益交换功能的社会联系。[⑤] 杨美惠(Mayfair Mei-hui Yang)通过在中国大陆两年的民族志调查得出,关系的含义是多元的,它在官方话语中,常常被赋予贬义的含义,"搞关系"差不多等同于腐败,而在民间话语中,也有贬义的理解,搞关系等同于"走后门",还有褒义的理解,关系意味着亲属和朋友之情,意味着知恩图报,意味着对不合理的体制安排的某种反抗,还有中性的理解,认为它是一种无可厚非的生活与生

---

① 参见梁漱溟:《中国文化要义》,上海人民出版社2011年版,第76~91页;谢遐龄:《中国社会是伦理社会》,载《社会学研究》1996年第6期。

② See Landa, J. T., "The Political Economy of the Ethnically Homogeneous Chinese Middleman Group in Southeast Asia: Ethnicity and Entrepreneurship in a Plural Society", in L. Y. C. Lim & P. Gosling (Eds.), "The Chinese in Southeast Asia", *Maruzen Asia* Vol. 1, 1983, pp. 86 – 116; Greenhalgh, S., "Networks and Their Nodes: Urban Society on Taiwan", *The China Quarterly* 99, 1984, pp. 529 – 552; Yoshihara, K., *The Rise of Ersatz Capitalism in South East Asia*, Oxford University Press, 1988; Luo, Y., *Guanxi and Business*, World Scientific, 2007; Y. H. Wong, Thomas K. P. Leung, *Guanxi: Relationship Marketing in a Chinese Context*, The Haworth Press, 2001; Hualiang Lu, *The Role of Guanxi in Buyer-seller Relationships in China: A Survey of Vegetable Supply Chains in Jiangsu Province*, Wageningen Academic Publishers, 2007.

③ 参见翟学伟:《人情、面子与权力的再生产》(第2版),北京大学出版社2013年版,第94~95页。

④ 乔健:《关系刍议》,载杨国枢主编:《中国人的心理》,桂冠图书股份有限公司1988年版,第105页。

⑤ Bian, Yanjie, Guanxi, in J. Beckert & M. Zafirovski (Eds.), *International Encyclopedia of Economic Sociology*, Routledge, 2006, pp. 312 – 314.

存的技能。[1] 任柯安（Andrew Kipnis）认为关系是多变的，他用三个特性来界定它：首先，关系具有主体间性（intersubjectivity），意指一种动态的人际间的权利义务状态；其次，关系与中国特殊的文化联系在一起，这种最初可能发轫于血亲之间的文化将其血脉相连的温情由近及远推广至熟人乃至陌生人（但是 Kipnis 强调这种混淆你我的关系西方也有，只是 more or less 的问题）；最后，关系是实践性的，多变的，它在不同的场合具有不同的形态（但是 Kipnis 也强调，关系在多变的形式中也有不变的内核）。[2] 在很多关于中国商业的研究中，关系也被定义为是使商业交易得以顺利进行的人际关系。[3]

中国式关系的核心特质在于它的差序格局，人与人之间的关系并不是均等的，而是有着鲜明的亲疏远近之分。[4] 黄光国先生发挥了费孝通的说法，他结合正义理论中的三种资源分配法则，认为中国式差序格局的关系可以分为三种：(1)情感性的关系。这种关系主要存在于家庭、密友、朋侪团伭之间，它的特点是以感情为基础，而工具性的利益成分退居其次，这种关系里，资源的分配遵循的是“需求法则”，尤其是最亲密的家庭领域，更是强调“各取所需”，不会去计较对方的贡献与索取之间是否公平。(2)工具性的关系。这种关系与情感性的关系处于对立的位置，它主要发生在类似店员和顾客这样的陌生人之间，他们即使相互认识，可能也不会很熟，更多的时候是连对方的姓名也不知道，这种关系中交

---

① See Mayfair Mei-hui Yang, *Gifts, Favors, and Banquets: The Art of Social Relationships in China*, Cornell University Press, 1994, pp. 49 – 74.

② See Andrew Kipnis, *Practices of Guanxi Production and Practices of Ganqing Avoidance, in Social Connections in China: Institutions, Culture, and the Changing Nature of Guanxi, Edited by Thomas Gold, Doug Guthrie, David Wank*, Cambridge University Press, 2004, pp. 25 – 26.

③ See Chee Kiong Tong and Pit Kee Yong, Guanxi Bases, Xinyong and Chinese Business Networks, in Chee Kiong Tong ed., *Chinese Business Rethinking Guanxi and Trust in Chinese Business Networks*, Springer, 2014, p. 42.

④ 费孝通：《乡土中国》，北京出版社 2005 年版，第 29 ~ 40 页。

易双方主要遵循的法则是“公平原则”，理想的做法是童叟无欺。(3)混合性的关系。即混合了情感性关系和工具性关系的关系类型。① 这类关系是最具有中国特色的，它把中国特色的人情、②面子、③报④等因素都结合在了一起。混合性的关系的特色是，双方彼此熟稔，不仅仅只是认识或点头之交，而是交往较密，具有一定的感情基础，因为有着一定的感情基础，所以它有别于工具性的关系，唯其感情尚还没有深厚到家人或准家人的地步，是以仍与第一类关系有别，这类关系的典型，比如远亲、近邻、同学、同事之类。这类关系中，双方所遵循的法则既不是陌生人之间的公平法则，也不是家人之间的需求法则，而是一种颇具中国特色的“人情”法则——此处的人情，应指的是中国人际交往中的一种“人与人应该如何相处的社会规范”。⑤

与黄光国先生的分类尽管不尽相同，却有异曲同工之妙的是杨国枢先生的分类，杨国枢先生将中国人的社会关系，依其亲疏程度分为家人关系、熟人关系与生人关系。家人关系主要是指家庭成员之间的关系；熟人关系则包括了亲朋好友、师生、同事、同学之类的关系；生人关系是

---

① 黄光国：《人情与面子：中国人的权力游戏》，载黄光国编：《面子——中国人的权力游戏》，中国人民大学出版社2004年版，第7~11页。

② 金耀基：《人际关系中人情之分析》，载杨国枢主编：《中国人的心理》，桂冠图书股份有限公司1988年版，第75~104页。

③ See Hsien Chin Hu, "The Chinese Concepts of 'Face'", *American Anthropologist* 46(1), 1944, pp. 45-64; David Yau-fai Ho, "On the Concept of Face", *American Journal of Sociology* 81(4), 1976, pp. 867-884; King, AYS, Myers, JT, Shame as an Incomplete Conception of Chinese Culture: A Study of Face, 1977, Working Paper No. 63, Social Research Centre, Chinese University of Hong Kong.

④ See Yang, Lien-Shang, *The Concept of Pao as a Basis for Social Relations in China, in Chinese Thought and Institutions*, edited by J. K. Fairband, 1957, University of Chicago Press; 文崇一：《报恩与复仇：交换行为的分析》，载杨国枢主编：《中国人的心理》，桂冠图书股份有限公司1988年版，第347~382页。

⑤ 黄光国：《人情与面子：中国人的权力游戏》，载黄光国编：《面子——中国人的权力游戏》，中国人民大学出版社2004年版，第12页。

指个人与生人（与自己无任何直接或间接的持久性社会关系之人）之间的关系。[①] 从整体轮廓来说，杨国枢先生的分类与黄光国先生十分肖似，其中家人关系与情感性的关系，生人关系与工具性的关系，熟人关系与混合性的关系分别可以一一对应。

对于这种以差序格局为核心的人际关系，罗家德先生在黄光国先生与杨国枢先生分析的基础上，进行了一定的综合，提出了一个个人中心网络圈及其相应的行为法则的框架。按罗家德先生的看法，在自我的周围，存在着由近而远的一系列有差别的社会关系。在自我的最内圈，是家人和拟似家人，拟似家人是"除了家庭成员外的特殊亲密关系"，[②]拟似家人的看法实际上是结合了黄光国先生与杨国枢先生的说法。罗家德先生认为，适用于这一最内圈的行为和道德标准是"伦"——它意指一种适用于家人之间的一种强大的伦理规范。[③] 因为最内圈的关系一般比较封闭，而且带有很大强制性的色彩，相互之间的监督是很强的，按照日本学者山岸（Toshio Yamagishi，Midori Yamagishi）的说法，我们对最内圈之人的信任其实来源于保证（assurance），它明显不同于对外部之人的一般信任，[④]由于这种强烈的保证性，使最内圈之人的行为具有很强的可预期性，而一旦打破这种预期，在中国社会一般被视为违反了最基本的伦理要求，人将不人了。在稍微外面的圈层，是熟人关系，包括好朋友和关系很近的连带，其间遵循的是"人情法则"，因为熟人之间的关系，很多是

① 杨国枢：《中国人的社会取向：社会互动的观点》，载杨国枢、余安邦：《中国人的心理与行为：理论与方法篇》，桂冠图书公司1993年版，第105页。

② 罗家德：《译后记——从格兰诺维特理论重新认识中国》，载［美］格兰诺维特：《镶嵌：社会网络与经济行动》，罗家德等译，社会科学文献出版社2015年版，第190页。

③ 罗家德：《译后记——从格兰诺维特理论重新认识中国》，载［美］格兰诺维特：《镶嵌：社会网络与经济行动》，罗家德等译，社会科学文献出版社2015年版，第190～191页。

④ See Toshio Yamagishi，"Midori Yamagishi，Trust and Commitment in the United States and Japan"，*Motivation and Emotion* 18(2)，1994，pp. 129－166.

通过彼此之间的人情交换建立和维系的。① 更外面一点的是认识之人，这也类同于杨国枢先生关于生人的说法，②按罗家德先生的看法，认识之人是弱连带（weak tie），是一面之交或点头之交，或者首次接触者（比如顾客和店员），这一圈层主要是一种工具性交换关系，遵循的法则是理性经济人的法则或公平法则。③

结合以上诸家的说法，我们可以说，中国式关系是一个把世界区分为生人、熟人与家人（包括准家人）并遵行不同的办事原则的一套为人处世的方案。中国式的关系格局如图5－1所示：④

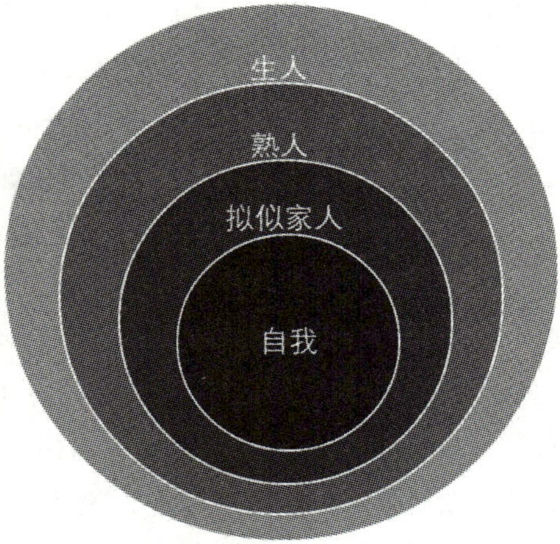

图5－1　中国式的关系格局

---

① See Anne S. Tsui, Jiing-Lih Larry Farh, " Where Guanxi Matters: Relational Demography and Guanxi in the Chinese Context", *Work and Occupations* 24(1), 1997, pp. 56－79.

② 因为杨国枢先生所谓的生人并非完全没有交集的两个人，而是与自己无任何直接或间接的持久性社会关系之人。

③ 罗家德：《译后记——从格兰诺维特理论重新认识中国》，载［美］格兰诺维特：《镶嵌：社会网络与经济行动》，罗家德等译，社会科学文献出版社2015年版，第192页。

④ 参见罗家德：《译后记——从格兰诺维特理论重新认识中国》，载［美］格兰诺维特：《镶嵌：社会网络与经济行动》，罗家德等译，社会科学文献出版社2015年版，第190页；罗家德、叶勇助：《中国人的信任游戏》，社会科学文献出版社2007年版，第64页。

在这套关系格局中，最有中国特色的乃是所谓熟人关系，与生人关系相比而言，熟人关系具有以下几个特点：[①](1)中国式的熟人关系在时间维度上是长时间的关系，双方在一个较长的时间内被固定在一种空间维度和生活场景里，因而相互了解、熟悉，进行接触和交易，并培养信任和感情，而生人关系却具有短时间的特征，双方往往是基于某种需要而进行接触，并且在此之后就很少或不再进行接触和交易了，也就是说，生人之间的单纯工具性交换大多是"一锤子买卖"或"一次性博弈"。(2)中国式的熟人关系往往建立在某个共同性之上，这个共同性往往成为双方关系的纽带，比如九同关系(同学、同事、同乡、同姓、同好、同行、同年、同袍、同宗)，[②]这种九同关系，其逻辑明显不同于西方社会的社会认同基础，西方社会一般比较看重性别、年龄、宗教、地域、阶级、种族与社团，也可以说，西方社会比较在意价值观与身份的认同，我们比较在意的感情关系的连接；[③]而生人关系或认识之人的关系却缺乏这些感情关系的连接(也正是缺乏这种感情关系的连接，认识之人很难发展为熟人，当然，为了要发展为熟人，中国人开发出了许多公关技能和说辞，比如一起打羽毛球，一起洗桑拿，等等[④])。(3)一般的生人关系或认识之人的关系是一种普遍性与非个人性的关系，在这种关系里，一切都照章办事，公事公办，双方的角色定位就是店员和顾客，采购员和供货商；而中国式熟人关系则不然，它具有特殊性和个人性的特点，双方的身份不是采购员和供货商或店员和顾客，而是张三和李四，是亲密的朋友，是"讲义气

---

① 参见黄光国：《人情与面子：中国人的权力游戏》，载黄光国编：《面子——中国人的权力游戏》，中国人民大学出版社 2004 年版，第 10～11 页。

② 参见乔健：《关系刍议》，载杨国枢主编：《中国人的心理》，桂冠图书股份有限公司 1988 年版，第 106～107 页。

③ 罗家德、叶勇助：《中国人的信任游戏》，社会科学文献出版社 2007 年版，第 73 页。

④ 乔健先生总结了一些常见的拉关系的方法，比如袭、认、拉、钻、套、联等，参见乔健：《关系刍议》，载杨国枢主编：《中国人的心理》，桂冠图书股份有限公司 1988 年版，第 108～110 页。

的小兄弟”,办事原则也不是照章办事,公事公办,而是“有的商量”,正如一位学者所说:

我们中国人是非常灵活的,我们会变通。比如在一个供货合同里,双方没有对交货的确切日期的作出约定,如果你(供货商)没法在合理期限内履行,你大可以问对方,能否延期?因为我的轮船还没有准备就绪。而对方很可能会同意给你宽限的。在合同成立后,你仍然能够修改合同条款,要求变更这个和那个……只要你们之间有个好的关系,你就可能得到允许。只要你提(要求),我们总会(有义务)考虑。①

熟人关系是一种人情关系,人情类似于法学里面“债”的概念,所以,在中国,素来有“人情债”的说法,还有“还人情”“我不想欠人家人情”“他欠我一个人情”等类似的说法。在熟人关系中,如果我们帮对方一个忙,这就叫做“人情”,类似于放债或放贷,这个债可以一直放着,等到有一天自己有需要受人情的人帮忙,受人情的人接到请求后有义务(似乎是一种伦理义务)去帮忙,以便还对方的“人情”,如果不理会对方的请求,就被视为是“不通人情”的人,甚至会被视为违反了极大的义务,犯下了极大的过错,因为这样做,是对对方“面子”的极大践踏。② 杨美惠指出,中国的人情其实是一种拉平人格或取得优势的方法,“通过送礼、请客、给予好处等形式,施予者将自己的财物转移给接受者,施予者获得了一种凌驾于接受者的优越感。”比如说现实生活中地位不对等的双方,低位者为了获得属于自己的尊严或话语权,他常常就需要对高位者送礼(地位差距越大,送的礼物也要越贵重),通过送礼,他可以让对方“欠”自己,从而降低对方提升自己,“在关系的艺术中,通过从道德上降低对

① See Chee Kiong Tong and Pit Kee Yong, *Guanxi Bases, Xinyong and Chinese Business Networks, in Chee Kiong Tong ed. Chinese Business Rethinking Guanxi and Trust in Chinese Business Networks*, Springer, 2014, p. 42.

② 比如,电影导演冯小刚曾经指责周星驰“不通人情”,因为他曾经在“长江7号爱地球”首映活动中帮过周星驰的忙去捧场,但是当他的电影首映邀请周星驰为其站台时,周却拒绝了。

方这样一种策略运作，施予者能够象征性地逆转社会生活中的等级差距，其代价是自身损失部分财货。”①

中国式的熟人关系是以感情为基础，但并不是不涉及利益关系，相反，中国式的熟人关系常常是打着感情的幌子，而进行利益的交易，其间，感情好比就是交易的润滑剂，因着这层感情，交易的许多细节都可以忽略，不像西方人那样一是一，二是二（甚至，在中国，一是一，二是二的做法被认为是对对方的不信任，会“伤感情”），所以，中国式关系的基本运作模式就是“感情先行，利益随后”。②

第二节　镶嵌于关系社会中的法官及其司法决策

中国历来被认为是一个关系社会、人情社会或伦理社会，③关系社会的根本特质在于它是一种“差序格局”的社会，此种社会形态，意指以每个个人为中心，其社会关系向外呈放射性递减——越是靠近个人中心，其与个人关系密切度就越高，越是远离个人中心，其与个人关系密切度

---

① Mayfair Mei-hui Yang, *Gifts, Favors, and Banquets: The Art of Social Relationships in China*, Cornell University Press, 1994, p. 197.

② 在中国式关系中，关于感情与利益到底哪个更重要，学界有不同的看法，一些学者（包括 Andrew G. Walder, Mayfair Mei-hui Yang, Yunxiang Yan 等）认为，在中国式关系中，感情或亲情只是形式，利益才是实质；而另一些学者（主要是 Nan Lin）认为，中国式关系是一种非对称性的社会交换关系，社会交换（有别于经济交换）的长期性和不对称性，使交换双方把感情放在了首位，最后，交换只是手段，加强和维持感情成了目的。参见边燕杰：《导言：关系社会学及其学科地位》，载边燕杰主编：《关系社会学：理论与研究》，社会科学文献出版社 2011 年版，第 5～6 页。而王水雄通过实验研究指出，感情与利益到底哪个分量重，与行为者的机会集合和选择过程的隐蔽性有关。参见王水雄：《关系的本质与选择：基于一项实验的考察》，载边燕杰主编：《关系社会学：理论与研究》，社会科学文献出版社 2011 年版，第 19 页。

③ 梁漱溟：《中国文化要义》，上海人民出版社 2011 年版，第 76～91 页；谢遐龄：《中国社会是伦理社会》，载《社会学研究》1996 年第 6 期。

就越低。关系社会的基本逻辑或处世法则是差别对待原则，即对不同之人进行不同对待，绝对不搞"一视同仁"。一般而言，以自我为中心，获得最优对待的是家人或拟似家人，获得次优对待的是熟人，而对陌生人，则比较公事公办，没有优待了，甚至因为资源有限，既然优待了前两种人，自然会薄待，甚至恶待陌生人了。①

这种差别对待原则被帕森斯（T. Parsons）定义为是一种特殊主义伦理，因为它"凭借的是与行为者之属性的特殊关系而认定对象身上的价值的至上性"，②它与西方文化中一视同仁的普遍主义伦理构成了对比。帕森斯就中西文化"理想类型"而提出的特殊主义与普遍主义之分，具有直观上的合理性，并且与梁漱溟、③费孝通、④黄光国⑤等人提出的伦理社会、差序格局、人情关系具有内在的暗合，它也得到了不少国内学者的支持，⑥虽然也有余英时、⑦林端⑧等人基于中国文化中也有"仁"等普遍价值提出了反对意见，但是很明显，相对于帕森斯的"理想类型"，反对者说的乃是另一层意思。

---

① 不过，还有一种薄待家人、拟似家人与熟人的逆差序格局现象，比如蔡禾、贾文娟等人指出，在路桥建设业中，当包工头资金有限时，他们往往会优先将资金发放给与自己关系较远的工人，而对与自己关系较近的工人，则延缓发放。盖逆差序格局反映了人际之间信任程度的不同。参见蔡禾、贾文娟：《路桥建设业中包工头工资发放的"逆差序格局"——"关系"降低了谁的市场风险》，载《社会》2009 年第 5 期。

② T. Parsons and E. Shils, *Toward a General Theory of Action*, Harvard University Press, 1950, p. 82.

③ 梁漱溟：《中国文化要义》，上海人民出版社 2011 年版，第 76 ~ 91 页。

④ 费孝通：《乡土中国》，北京出版社 2005 年版，第 29 ~ 40 页。

⑤ 黄光国：《人情与面子：中国人的权力游戏》，载黄光国编：《面子——中国人的权力游戏》，中国人民大学出版社 2004 年版。

⑥ 参见郑也夫：《代价论》，三联书店 1995 年版，第 41 ~ 56 页；翟学伟：《土政策的功能分析——从普遍主义到特殊主义》，载《社会学研究》1997 年第 3 期。

⑦ 参见余英时：《从价值系统看中国文化的现代意义》，载《文化：中国与世界》，三联书店 1987 年版，第 67 页。

⑧ 参见林端：《儒家伦理与法律文化：社会学观点的探索》，中国政法大学出版社 2002 年版，第 88 ~ 127 页。

如果我们对关系社会特别是其差别对待的原则的理解是正确的话，那么，明显可以看到，它与现代法律的精神是背道而驰的。如果说关系社会的基本逻辑是特殊主义的，即强调因关系人的不同身份而进行有差别地对待，那么，现代法律的基本精神却恰好相反，它是普遍主义的，即强调"法律面前人人平等"，不因人们的身份、地位、性别、种族、价值观、与自己的亲密度等不同而区别对待。

就我们所关心的司法决策问题而言，也存在中国本土的特殊主义的行动逻辑与西方式司法的普遍主义行动逻辑之间的矛盾。盖我们今天所言的司法决策，大抵也是从泰西而来的一项制度（虽然传统中国也有司法决策，但逻辑不同），它同样遵循上述普遍主义的理路，不因当事人的身份、关系等不同而区别对待——司法决策虽然强调"相同情况同样对待，不同情况不同对待"，但此处强调的相同与不同是案情，而非身份、关系等因素。

在这种基本行动逻辑相互矛盾的情况下，哪一种逻辑将会占得上风呢？有些学者不无乐观地指出，虽然在中国，关系的力量一直很强大，但是随着中国社会从前现代向现代转型，经济由计划走向市场，社会也由关系走向法治，在此过程中，"如何做"（know-how）将会超过"认识谁"（know-who），普遍主义也将压倒特殊主义，①特别是顾道格（Doug

---

① See Nee, Victor, "A Theory of Market Transition: From Redistribution to Markets in State Socialism", *American Sociological Review* 54 (5), 1989, pp. 663 – 681; Nee, Victor, "Social Inequalities in Reforming State Socialism: Between Redistribution to Markets in China", *American Sociological Review* 56 (3), 1991, pp. 267 – 282; Nee, Victor, "Organizational Dynamics of Market Transition: Hybrid Forms, Property Rights, and Mixed Economy in China", *Administrative Science Quarterly* 37, 1992, pp. 1 – 27; Nee, Victor, "The Emergence of a Market Society: Changing Mechanisms of Stratification in China", *American Journal of Sociology* 101 (4), 1996, pp. 908 – 949; Nee, Victor & Rebecca Matthews, "Market Transition and Societal Transformation in Reforming State Socialism", *Annual Review of Sociology* 22, 1996, pp. 401 – 435; Nee, Victor & Yang Cao, "Path Dependent Societal Transformation: Stratification in Hybrid Mixed Economics", *Theory and Society* 28, 1999, pp. 799 – 834; Cao, Yang & Victor Nee, "Comment: Controversies and Evidence in the Market Transition Debate", *American Journal of Sociology* 105 (4), 2000, pp. 1175 – 1189.

Guthrie)指出,随着中国法治进程的推进,现代化的"法律—理性"系统将会逐渐压制住"搞关系"的需要,[①]显然,顾道格认识到了关系逻辑与法律逻辑的根本不同,所以他将"法律—理性"系统视为克服关系运作的良药。不过,也有一些研究者指出,在司法实践中,关系仍是非常重要的资源,它仍然对司法决策发挥了重要的影响,王晨光、高其才对律师的访谈确认,律师"普遍承认与法官沟通、搞好关系的重要性"。[②] 麦宜生(Ethan Michelson)作了更加详尽的研究,他曾经在北京及其他16个城市对900余位律师进行了调查,受访者普遍承认了关系对于司法决策的巨大影响——有44%的受访律师认为关系的好坏影响案件的审判这一现象是普遍的,只有17%的受访律师认为关系的好坏影响案件的审判这一现象是罕见的(但不是不存在)。[③] 麦宜生的初次调查是在2000年完成的,而到了2009年,他和刘思达再次完成了一个同样的调查,以观察这9年间中国的司法现状有无改善时,他们发现,情况不仅没有改善,某些方面甚至还恶化了。[④]

就实践层面来看,我们一方面可以观察到大量一视同仁、依法办事的例子,另一方面,也可以观察到或感受到"拉关系""走后门"的现象时有发生,一位记者写道:

---

① See Guthrie, Doug, *Dragon in a Three-Piece Suit: The Emergence of Capitalism in China*, Princeton University Press, 1999, pp. 20, 177, 178, 185, 196; Guthrie, Doug, *Information Asymmetries and the Problem of Perception: The Significance of Structural Position in Assessing the Importance of Guanxi in China*, *in Social Connections in China: Institutions, Culture, and the Changing Nature of Guanxi*, edited by Thomas Gold, Doug Guthrie, and David Wank, Cambridge University Press, 2002, p. 52.

② 王晨光、高其才:《律师职业的现状调查:武汉律师访谈综述》,载《中国律师》2000年第12期。

③ See Ethan Michelson, "Lawyers, Political Embeddedness, and Institutional Continuity in China's Transition from Socialism", *American Journal of Sociology* 113(2), 2007, p. 384.

④ 参见麦宜生、刘思达:《中国律师所面临的挑战:两次问卷调查的结果》,载http://www.indiana.edu/~emsoc/report_1.htm,最后访问日期:2017年5月20日。

现在人们的普遍说法是:“打官司”就是“打关系”。其意思是“官司”要想赢,主要是看你的关系硬不硬。至于你有没有道理,有没有证据,是次要的。因此,很多一旦与官司沾上边的人,不是在证据和法律上下工夫,而是到处找关系,托人求关系,花钱买关系。只要官司能赢,金钱、权力、同学、朋友、领导,所有的资源“麻子打呵欠——全体总动员”。①

笔者认为,这样两种矛盾的趋势(追求一视同仁与实践中的区别对待)都在中国存在并演进着,这是符合逻辑的,毕竟,法律作为制度,它是植根于社会之中的,虽然我们不能否认制度对于社会有调教的能力(即所谓反作用力),但是大部分时候,都是社会驯服了制度,所谓“橘生淮南则为橘,橘生淮北则为枳”。就司法决策而言,正如美国法律现实主义者所指出的那样,法官的司法决策受到其社会背景、教育背景、个人习性等因素的影响;②法诠释学(本体论解释学)也指出,法官理解和解释法律与事实是带着前理解或前见来进行的。③ 如果以此来推论,中国法官身处特殊的关系社会,在未受专业教育之前就受到关系文化的熏陶,关系文化不仅构成了其社会背景和教育背景,也构成了其个人习性与前理解的一部分,这样,即使司法伦理要求他们独立裁判,但是关系文化早已构成他主体性的一部分,他的血液里早已流淌着关系的因子,其司法决策

---

① 瘦竹:《打官司与“打关系”》,载《恩施晚报》2007年10月22日。

② 参见唐丰鹤:《法律现实主义的司法裁判观》,载陈金钊主编:《法律方法》(第17卷),山东人民出版社2015年版,第51~61页。

③ 参见唐丰鹤:《本体论解释学视域下的司法裁判模型》,载《广西政法管理干部学院学报》2015年第6期。

很难不受关系影响。①

就关系影响司法决策而言，生活经验说到底是一种直观感受，它还未经理论化。麦宜生等人的研究也只能说是间接的（他研究对象是律师而不是法官），欠缺了很多细节——尤其是欠缺了关系发挥影响作用的微观机制。基于此考虑，我们在2016年12月到2017年5月间，对18位法官展开了多达三十余次的深度访谈，这些法官来自浙江（10人）、上海（2人）、山东（4人）、河南（2人）。其中男性16人，女性2人；高级人民法院法官1人，中级人民法院法官5人，基层人民法院法官12人；有10年以上审判经验的3人，有5～10年审判经验的14人，有1人审判经验在3年以下；有2人是曾有法官经历但是现在辞职做律师的前任法官，其余16人是在职法官。访谈对象的情况请见表5－1：②

---

① 具体而言，首先，中国式的关系作为一种文化，法官们从小身处其中，不受其浸染才是不可思议的事情，从主体性的角度来说，法官们从小身处其中的这种关系文化构成了他们性情习性的一部分，也是因为他们身上具有类似这样的中国特色，他们才能被称为中国人，具有中国性，可以说，关系人情这些因素构成了中国人具有特色的主体性，这一主体性也决定了他的偏好习性、思维方式和为人处世之道。其次，中国式的关系作为一种结构因素，它具有一种规范性，它使得这个社会中的每个人并不能像西方社会所理解的原子式个人那样独立不羁，虽然西方也有关系或社会连带（social tie），但相形之下，中国式关系仍然是非常特殊的，它具有黏稠性和紧密性的特点，相较西方社会的关系，它把社会个体更加紧密地联系在一起，甚至可以说捆绑在一起，从个人自由或自主的角度来说，它也把个体性更大限度地加以消融。所以，中国人作决策，很多时候不是出自个人理性，而是要照顾到方方面面的想法，给人一种八面玲珑、面面俱到的感觉，得一个“会做人”的评语。如果基于这样的推论，司法决策受到关系的强烈影响几乎无疑问。

② 由于访谈的话题具有一定的敏感性，我们也一再保证不泄露访谈人的任何个人信息，所以这里的被访谈者，不采用通常的姓名拼音缩写的方式来表达，而是以字母代替。

表 5－1　访谈对象

序号	法官	性别	地域	现任职法院	任职年限
1	A 法官	男	浙江	高级人民法院	20 年以上①
2	B 法官	男	浙江	中级人民法院(离职)	11
3	C 法官	男	浙江	中级人民法院	7
4	D 法官	男	河南	中级人民法院	5
5	E 法官	男	山东	中级人民法院	7
6	F 法官	女	山东	中级人民法院	7
7	G 法官	男	浙江	基层人民法院	13
8	H 法官	男	浙江	基层人民法院	9
9	I 法官	男	浙江	基层人民法院	8
10	J 法官	男	浙江	基层人民法院(离职)	8
11	K 法官	男	浙江	基层人民法院	8
12	L 法官	男	浙江	基层人民法院	5
13	M 法官	男	浙江	基层人民法院	5
14	N 法官	女	山东	基层人民法院	7
15	O 法官	男	山东	基层人民法院	2
16	P 法官	男	上海	基层人民法院	9
17	Q 法官	男	上海	基层人民法院	7.5
18	R 法官	男	河南	基层人民法院	5

① 基于同样的保密原因,没有给出准确的任职年限。

第三节 关系作用的空间

关系会影响到司法决策，具体的作用空间与影响方式是怎么样的呢？此乃我们本次访谈的一个重点。毕竟司法决策这个领域具有特殊性，法官们受到法律和事实的强有力约束，在这种强约束之下，法官们如果要考虑人情关系，就必然面临一个方法选择的问题，说白了，法官们是屈从关系的压力，突破法律的边界去帮助请托者，还是在法律的边界内，在自由裁量权的范围内委曲求全呢？对于这个问题，受访者的回答以两种观点为典型，它们分别来自于B法官和G法官：

B法官：法官办案，一般都会形成一个比较固化的办案模式，比如，什么类型的案子，大致遵循什么标准来判决，已经有固定的套路，这个套路也是大多数法官同行一致遵守的，起码在同一个法院是如此。所以，法官一般不会轻易突破办案的固定程式，这样风险很大，懂行的人会看出来。不过对于关系人，在固定程式之内，是可以适当想想办法的。嗯，就是说，在法律允许的范围内，可以适当倾斜，照顾一下对方的面子。比如说，交通肇事罪，主要责任和次要责任是交警认定的，而浙江省的法规规定主次责任的责任分配不要突破三七开（主七次三），不要突破三七开，就是一个自由裁量的空间，我可以判三七开，也可以判二八开，甚至可以判一九开，对吧？但是没有天大的人情，我们不会去判四六开，因为那样的话，明眼人一眼就看出你做手脚了，律师们也不会放过你。

G法官：现在对法官的约束与限制非常多，法官的自由裁量权看似很大，但是在种种约束和监督之下，法官事实上享有的余地并不大，所以，要为熟人谋取实体性的利益是非常困难的。但是也不能说没办法，比如说，法官可能无法为你谋取实体上的利益，但是程序上的利益还是可以给的……比如当事人的举证期限，可以给关系人宽限，比如关系人举证不及时,本来可以不采纳的,但是宽限一下,对方也不会知道。又如在举证责任上,也可以给关系人照顾。一般法官在听完双方的“故事”后,会比较相信某一方,这时他就会要求对方举证反驳,反驳不了就输了,对方讲的就是事实……再如审判的快慢,我可以先审你的案子,也可以在法律范围内给你拖……这些都是很重要的程序利益,你看我们这里的不良资产包业务,一般都是当事人用从银行贷的钱购买的,如果能通过法院早点变现,那利息就可以省不少,而如果法院一拖,不要说资产包会不会贬值甚至灭失,光付银行利息可能就没利润可赚了。

在笔者的访谈中,B、G两位法官的回答具有代表性。B法官的回答代表了关系运作的一种典型情况,这一点在其他法官的访谈里也有所体现,B法官极力强调了司法决策的非任意性,即“固定的办案模式”对他们的约束,这一点也被其他访谈证实,比如有法官提到说,法官的决策有一致性,如果有人(如法院内部同事)发现他有时候偏离了自己的常规路线,这个决策就是值得高度怀疑的。不过,B法官还是承认关系有其运作空间,这个空间,其实就是我们通常所熟知的“自由裁量权”空间,大概法律规定不管多么细致,总还是存在需要权衡的地方,虽然立法部门和法院系统内部在不停地出台许多细则,但是正如B法官所列举的交通肇事罪的例子一样,总还是有自由裁量的空间,正是在这一自由活动空间中,关系运作找到了自己的容身之所。

如果说B法官的回答代表了一种实体上的利益空间的话,那么,G法官的回答则代表了一种程序上的利益空间。他与B法官的回答具有一致性的地方在于,他也极力强调了法官所面临的约束与监督,比如各种量刑与关于罚金金额的细则、标准、法律文书上网公开制度、律师与当事人的不依不饶、法官自身的操守等,但是他也承认了关系运作的可能空间是存在的,这种程序上的运作空间,有些是合法地运作,比如审理的快慢,快一点审理是合法的,慢一点审理也是合法的(只要不超出法律规定的时限),但是对于当事人来说意义大不一样,也可以非法地操作,比如举证的问题,很多时候法官的自由裁量与法律规定不符,但是因为不易监督或不能监督而存在自由决策的空间。

B、G两位法官的回答也有助于我们理解司法理论与实践当中存在的一些问题。首先,法官的司法决策是不是可以不顾法律文本的规定而任意操作?社会上有些人可能基于某些个别法官腐败的报道,而对法院的司法决策产生一种“刻板印象”(stereotype),认为司法决策普遍是“无法无天”的,即司法决策事实上不受任何法律条文之繁文缛节的束缚,而由法官根据暗地里的一些利益交换和人情交换作出。根据我们的访谈,这种对于司法决策过程“暗箱操作”的猜想其实是无法成立的,事实上,在我们访谈过程中,几乎所有的法官都对法律文本(或法律教义)保持敬畏,他们最常强调的就是他们的决策行为受到法律教义的强烈束缚(这一点在B、G两位法官的访谈中也有体现),并且很多法官指出,现在的司法情况远远比以前(比如20年前)要好上很多,更比一些局外人所误解的那种情况要好上很多。许多年来,官方和学界对法律条文和法律教义的持续强调,在某种程度上就是要阻截可能存在的司法腐败空间,事实上,这也取得了成效。

其次,类似于美国的法律现实主义和批判法学这样的法学流派,其激进的观点认为法律文本本身并没有任何确定的含义,他们认为,文本即令用最严谨的语言来表达,也总是可以解释成这样也可以解释成那样,所以,图什内特(Mark Tushnet)说:“构成法律原则的材料几乎没有标准,可接受的法律推理技术是如此的灵活多变,以至于它们允许我们把多种多样的先例装配到我们所选择的不管什么样的模式中来。”①多尔顿(Clair Dalton)更是极为形象地将法律语言形容为一个“空荡荡的容

① Mark Tushnet, Red, *White*, *and Blue*: *A Critical Analysis of Constitutional Law*, Harvard University Press, 1988, pp. 191 - 192.

器”,个人可以往里面灌注他所选择的任何含义,[1]按照这种理解,司法决策也是“无法无天”的(虽然不是因为司法腐败而无法无天),所以按照法律现实主义和批判法学的理解,司法决策最终是由司法官个人的习性、偏好、态度、心情等因素来决定的,而法律形同无物。对于这种观点,我们的访谈材料也并不支持,实际上,法律文本虽然确实可能允许多种解释,但是并不是“形同无物”,法律文本的束缚是实实在在的,法律语言也绝非“空荡荡的容器”,它提供了一个比较确定的指引,法官在有些人情要操作时,他们感受到了法律文本的深切束缚。

最后,虽然在某些地方,法律文本的束缚是非常紧密的,以至于缺少自由裁量的空间,但是大部分时候,法律文本提供的更多是一种“框架性”的指引或约束,自由裁量的空间总是存在的,不管是在实体的领域,还是在程序的领域,都是如此,因此,在保证框架合法的同时,还是有法官个人作用的“微观空间”,从这个意义上来讲,法律现实主义甚至批判法学的批评也不乏合理之处,值得注意的是,要对这种“微观空间”进行管制和限制(颁布越来越多的罚金、量刑标准就是例子)是非常困难的。

第四节 关系作用的方式

至于关系的具体作用机制和方式,我们将结合关系的类型来分析,这是因为,在不同的关系类型里面,关系发挥作用的机制和方式也并不相同。

社会关系网络与关系社会学里把社会关系分为强关系与弱关系,意指一种横向的平权主体之间的关系,除此之外,通常的关系分类里还有

---

① See Clair Dalton, “An Essay in the Deconstruction of Contract Doctrine”, *Yale Law Journal* 94(5), 1985, p. 1002.

一种上下级之间的等级关系，意指一种纵向的非平权主体之间的关系，它们都能对司法决策产生影响。

1. 横向关系对司法决策的影响

关于“强关系”（strong tie）与“弱关系”（weak tie），格兰诺维特的论述最为经典，他认为强弱关系的区分主要依赖以下几个维度：（1）“认识时间的长短”（amount of time）；（2）“情感的强度”（emotional intensity）；（3）“亲密性”或“相互信任度”（intimacy，mutual confiding）；（4）“互惠性服务”（reciprocal services）。[①] 在格兰诺维特的分析中，他区分强关系与弱关系既有情感的维度（比如“情感的强度”和“亲密性”，甚至“认识时间的长短”），也有工具性的维度（比如“互惠交换”），随后，Marsden 和 Campbell 等人的研究指出，情感的维度才是区分强关系与弱关系的标准，工具性标准被舍弃。[②] Mills 和 Clark 等人指出，强关系、弱关系更适合于指称情感性的朋友关系，[③]所以，结合这些研究结论，笔者在这里用强关系与弱关系指称以情感为主要联系纽带的平权性主体之间的关系。格兰诺维特的研究指出，一般认为强关系比较有用，但是从找工作的情况来分析，弱关系反而会带来更多的信息，拥有弱关系的人在找工作方面也有优势，这就是所谓的“弱关系的优势”命题，[④]而边燕杰则结合中国人找工作的实际情况修正了格兰诺维特的分析，边燕杰指出，弱连带确切地说只具有信息优势，但是强连带却具有人情优势，具有强连带（尤

---

① See Mark Granovetter, "The Strength of Weak Tie", *The American Journal of Sociology* 78(6), 1973, p. 1361.

② See P. V. Marsden, K. E. Campbell, "Measuring Tie Strength", *Social Forces* 63 (2), 1984, pp. 482 – 501.

③ See Judson Mils, Margaret S. Clark, "Communal and Exchange Relationships", *Personality & Social Psychology Review Volume* 3, 1982, pp. 121 – 144.

④ See Mark Granovetter, "The Strength of Weak Tie", *The American Journal of Sociology* 78(6), 1973, pp. 1360 – 1380.

其是与实权人物有强连带)的人更容易找到工作。[①] 笔者在边燕杰研究的基础上,提出一个设想,在司法决策的过程中,应该也是强关系比弱关系具有更大的影响力,更能够左右法官的司法决策。由于强弱关系的实质区分在于情感的强度,笔者也设想,关系影响力的大小应该与交情的深浅成正比关系。

这种设想也在一定程度上被访谈所证实,当笔者追问(既然受访者回答不是对所有请托者都有所照顾),一般是什么样的请托人会得到好处,受访者的回答正如关系社会学所预料的那样,即"感情好的、亲密的、关系铁的"请托人更可能会得到实际的好处。

一位受访者(J法官)把关系人分为一般的和特殊的,一般的是指生活或工作中有较多接触的人但并无特别交情的人,比如一位律师经常在他手上办案,就属于此种类型;特殊的是指与他有一些特别交情或连接的人,比如当事人或律师是他的老同学、校友、志同道合者。对于这两类人,J法官说道:

这两类人吧,第一类人,说实话,几乎对我没有影响,打交道的律师很多,对他们所提的要求和理由,我会认真地看一下,但是不会怎么样。

(那么,对于陌生人呢?难道都不认真看?)

不瞒你说,有时候还真没看仔细,你知道的,现在法院有多忙,而且很多案子,看一下就知道怎么回事,而且,嗯,我说的认真看,是说在材料里认真找一下有没有支持他的理由。

(对于第二类人呢?)

第二类人当然有一点不同,可能会照顾,嗯,在法律允许的范围内,在合情合理的情况下,照顾一下,法律是弹性的,这没有违法……还有一些更加特殊的人,就是交情更深,认识的时间更长,那当然是更可能照顾

---

① Bian, Yanjie, "Bringing Strong Ties Back In: Indirect Ties, Network Bridges, and Job Searches in China", *American Sociological Review* 62(3), 1997, pp. 366 – 385.

了，对吧？当然，我说的都是合法范围内。

J法官的回答明显展示了交情深浅与关系影响力的大小之间的正比关系，在J法官的世界里，似乎人可以被分成陌生人、一般的熟人、有交情的人、有特别交情的人四种，对于陌生人，似乎是公事公办；对于一般的熟人，似乎会根据对方的请求，认真查找一下材料里是否有支持他的理由；对于有交情的人，似乎会主动地照顾；而对于有特别交情的人，似乎更要想办法“照顾”。当然，正如J法官所一再强调的，一切都要在“合理合法”的范围内进行。

但是，在我们访谈的过程中，有些法官（C法官、K法官）也特别强调，不同类型、不同性格的法官受的影响并不一样，特别是要考虑到法官在这其中有没有利益诉求，如果有利益诉求，那么他受的影响会比较大，并且感情深厚就可能不再是主要的因素了。他们的回答反映了关系运作中人情与利益的复杂交缠关系。按照通常的理解，如果没有人情，某些类型的利益交换很难发生，司法决策领域就是典型，如果没有熟人牵线搭桥，法官不太可能接受一个陌生人的利益馈赠，然后予以回报。事实上，很多利益的交换恰恰是打着感情的幌子，这就要以熟人为中介，比如某个律师是法官的老同学，那当事人就可能借助这个律师来“走关系”。访谈中，有法官提到，甚至法院领导都曾经作为“中介”，介绍当事人与办案法官认识。甚至出现了一些“关系掮客”，他们可能出自某个法院，辞职后专门介绍自己原供职法院的案件给合作律师，或必要时走通当事人与原供职法院的关系。其次，人情有时是个幌子或“催化剂”，真正双方在意的是其后的利益，在这种情况下，可能就会出现受访法官所说的，“如果有利益诉求，那么他受的影响会比较大，并且感情深厚就可能不再是主要的因素了。”总体而言，即便是比较“纯粹”的交情关系，背后也有一定的利益要素；而即便是“纯粹”的利益关系，也要借助感情的障眼法,两者之间只有侧重点的不同而已。①

2. 纵向关系对司法决策的影响

关于纵向关系,笔者的访谈表明,在体制之内,上下级之间仍然服膺的是“命令——服从”的权力支配逻辑,但是也不能说情感性成分毫无用武之地。在笔者的访谈中,上级泛指的是“上级机关或人员”,比如行政机关、行政官员、上级法院、法院领导等,对此,没有人指出上下级法院或法官之间其实并不是“命令——服从”的关系,而是监督的关系(这一点本应是常识),他们似乎默认这个说法。对于司法决策是否“受上级影响”的问题,被访者大多表示虽然不是很常见(具体频率不同受访者态度不一),但是还是有上级插手司法决策的事情存在。

如果我们对这一点已经无足惊讶的话,接下来就是要搞清楚上级究竟是怎么影响法官决策的。对此,一些学者的研究(比如翁子明,值得注意的是,作者本身就是资深法官)已经指出,对于来自法院外部的上级而言,他们对司法决策的影响一般是通过法院内部的上级来运作,“无论什么缘由,源于法院外部的干预,无论来自组织还是个人,一般通过法院院长从上到下逐级落实。”②孙笑侠先生则从另一个角度指出,对我国司法决策影响较大(也是常常被讨论的)的两种力量——民意与媒体——并

---

① 在中国式关系中,关于感情与利益到底哪个更重要,学界有不同的看法,一些学者(包括 Andrew G. Walder, Mayfair Mei-hui Yang, Yunxiang Yan 等)认为,在中国式关系中,感情或亲情只是形式,利益才是实质;而另一些学者(主要是 Nan Lin)认为,中国式关系是一种非对称性的社会交换关系,社会交换(有别于经济交换)的长期性和不对称性,使得交换双方把感情放在了首位,最后,交换只是手段,加强和维持感情成了目的。参见边燕杰:《导言:关系社会学及其学科地位》,载边燕杰主编:《关系社会学:理论与研究》,社会科学文献出版社 2011 年版,第 5 ~6 页。而王水雄通过实验研究指出,感情与利益到底哪个分量重,与行为者的机会集合和选择过程的隐蔽性有关。参见王水雄:《关系的本质与选择:基于一项实验的考察》,载边燕杰主编:《关系社会学:理论与研究》,社会科学文献出版社 2011 年版,第 19 页。

② 翁子明:《司法判决的生产方式:当代中国法官的制度激励与行为逻辑》,北京大学出版社 2009 年版,第 103 页。

不是直接对司法决策进行干预,而是借助外部为政者之手进行干预。① 如果结合两者的看法,则对我国司法决策产生巨大影响的民意、媒体、为政者,它们对司法决策发生影响的具体方式是:民意、媒体影响外部为政者;外部为政者影响法院内部领导;法院内部领导影响办案法官。其影响方式如图 5-2 所示:

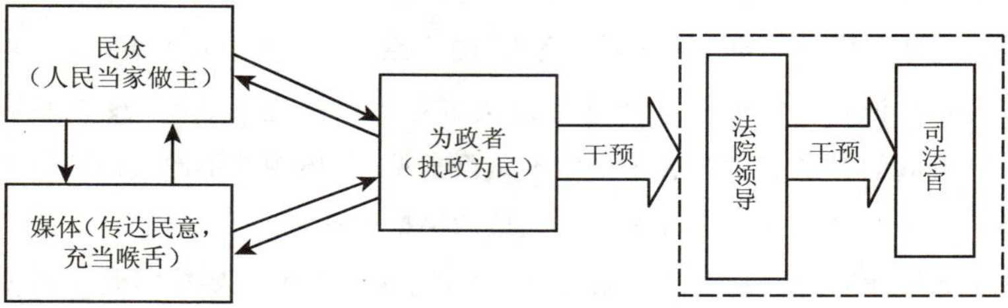

图 5-2　外部力量影响司法决策路径

从关系学的角度来看,笔者特别想搞清楚法院领导干预司法决策,是纯粹动用上级身份与权力,还是动用私人交情,抑或是交互为用?对此,受访者的回答有些出乎意料,他们表示领导的做法要有艺术含量得多,下面是一位受访者(E 法官,6 年基层法院工作经历,1 年中级法院工作经历)具有代表意义的回答:

如果某个领导要过问案件,他可能会把承办法官叫到办公室。他不会跟你套交情,他知道你的前途掌握在他手里,犯不着,但是他也不是以上级身份赤裸裸地命令你,他有别的办法。比如,法院领导把你叫进办公室,说,某某某,这个案子你关注一下,一定要严格依法办事!这听起来没问题,但是,你想想,案子这么多,为什么偏偏要你关注这个案子?实际上他就是要你照顾这个案子。还有时候,领导会用更巧妙的方式,比如叫你去他办公室,给你一封信,是你承办案件的当事人的喊冤信或

① 孙笑侠:《司法的政治力学——民众、媒体、为政者、当事人与司法官的关系分析》,载《中国法学》2011 年第 2 期。

有其他更高领导批示的信,他说他转交给你,这意味着什么?为什么他要转交这封信,他如果不认识这个当事人,他凭什么转交?所以法官就明白了(不是所有的领导关心都是别有用心,这位受访者表示,对于那些领导真正客观地关心案件的情况,他们分辨得清楚。——笔者注)。

受访者说的这些话老外可能很难明白,但是正是这种尽在不言中的"无言之知"或"言外之意",确实是每一个中国人都打小饱经训练的。他也无所谓以地位和权力来命令你,还是跟你套私交来影响你,这些方式都太机械了,实践中的做法有智慧得多,而且,最关键的是,其行为外表看起来很合法,甚至很敬业,不是局中人根本理解不了。所以,这种纵向关系影响司法决策,采取的方式既非直白地命令,也非有很大风险地套私交(万一法官告发),而是非常情境化的一种干预艺术,并且这种干预具有模棱两可的解读可能,既可能是合法的关心案件,也可能变相地打招呼,这在很大程度上规避了政治风险。所以,它是一种艺术,是的,只有艺术这个词才能表达其中的奥妙。

当然,如果我们仔细分析这一行为的话,我们可以发现,相比交情因素,最关键的可能还是领导所处的地位和权力优势,"一般情况下,法院领导跟法官没什么特别交情。"(E 法官语)领导的话之所以有这么大分量,正是他的位置和权力决定的,这也反映在谈话的场合选择上,不是茶馆、咖啡厅、餐厅,也不是私宅,而是领导的办公室。但是,我们也不能因此说,交情因素的影响就是完全不存在的,领导跟下属交情好,他说的话可能更有分量,这一切都体现在听话者的权衡里。

这里有意思的一个问题是,如果在一个案件中,横向关系与纵向关系同时发挥了作用,比如法官面对多方的说情,有的是从朋友或亲戚的交情角度来说情,有的是领导来打招呼,而且各方角力的方向并不一致,比如一方力量替原告说情,一方力量替被告说情,那么,情况将会如何呢?对于这个假设的问题或形势,大部分受访者表示,是"权力关系"更加有用,因为"权力关系"的作用几乎是"无条件的"。对此,有些学者

(翁子明)也尝试从官僚制的角度进行解释,但是他过多地套用西方韦伯式的那种官僚制,却不知道中国的官僚制有其特色,按照翁子明的理解,官僚制的特点一是上下级之间的命令与服从,二是理性化与程式化。我国的官僚制确实有等级之间的命令与服从特点,但是理性化与程式化程度却不够,表现在领导意志可以随意打破常规程式,具有非理性化的特点。在司法决策情形下,真正的官僚制程式化要求可能是要组织发文件干预,而我们却刚好相反,是采用私人以艺术化的手法来干预的方式。

对于纵向关系影响司法决策的问题,也有一些受访者的回答加深了问题的复杂性,他们认为领导与法官之间可能并非单纯的"命令——服从"关系,一些受访者指出,领导的影响力还要视乎法官个人,"比如,有些法官快退休了,无欲无求,领导的话对他根本起不了作用。"(K 法官语)他们认为,比较听话的是对职业生涯,特别是对仕途有一些期待的法官,他们的前途很大程度上取决于领导,所以,领导的话会比较管用。还有一些受访者(M、P、Q 等)则从不同的角度指出,由于法官事实上的自由裁量权很有限,所以,领导的话有时也不管用,法官只是在判决公布前,跟打招呼的领导通个气,卖个面子。还有一些受访者表示,从实践来看,这个问题被放大了,很多时候领导也是受人之托,所以只是象征性地打个招呼,甚至有领导当着当事人面给办案法官打招呼,后面再私下交代办案法官"不用照顾"(也不能排除是打招呼的一种策略或艺术)。

笔者猜测,以上两个方向的回答应该都是真实的,因为司法实践本身就是非常复杂的,无法用单一的模型去测度。正如法律现实主义者所揭示的那样,不同的法官有不同的处境,不同的个性,其考量因素也是多方面的,法院内部法官与领导之间的关系,也比行政机关内部的上下级关系要复杂和微妙一些。总体而言,可以认为权力关系对于司法决策的影响是存在的,但是其表现形式却是多种多样的。

第五节　结语

中国式的关系构成了所谓中国性的一部分,中国式关系夹缠着人情与利益的因素,对生活于其间的人产生着巨大的影响。虽然有乐观的观点估计,随着中国社会从前现代向现代转型,从陌生人社会向熟人社会转型,关系的重要性将会显著地下降,但是也有学者基于实证调查指出,关系在司法决策中仍然发挥着重要的影响。我们对于法官的一系列访谈证明,关系的影响作用仍然存在,在前人研究的基础上,我们着力分析了关系机制发挥作用的微观空间和具体方式。访谈材料显示,关系因素在实体利益空间与程序利益空间均能找到用武之地。访谈材料还表明,就横向关系而言,它显示出鲜明的"差序格局",依感情的深厚与利益的大小,不同的关系发挥的作用并不一样,感情越深、利益越大,其影响力也越大;感情越浅、利益越小,其影响力就越小。就纵向关系而言,纵向关系主要取决于级别,感情因素也起着一定的作用。如果同时涉及纵向关系与横向关系,则纵向关系要占上风。

就现代司法的眼光来看,关系对于司法决策的这种影响显然是不正当的,因而是需要加以杜绝和摒弃的,可能很容易想到,审判独立原则(或审判独立原则)就是杜绝和摒弃关系影响的绝佳机制,然而,颇为吊诡的是,在我们的社会土壤之上,关系与审判独立就像棋逢对手的双方,你固然可以用审判独立制度来限制关系对司法决策的影响,但是关系也可以破坏审判独立的建制,从而超越审判独立原则的限制,从这个意义上,也许我们可以理解现实中审判独立原则的某种力不从心。

第六章　法律事实认定中的认知偏差

刑事错案一度是我国法学研究领域的一个热点问题，已有大量的文章关注了刑事错案的生成原因：既有刑讯逼供、强迫作证、忽视相反证据、证人指认错误、轻视律师辩护意见、办案人员作有罪推定等直接原因；也有传统法律文化的消极影响、现行政治体制的压力、不科学的绩效考核评价体系、不独立的司法体制、不合理的刑事诉讼结构、不理性的媒体与民众压力、捉襟见肘的办案经费等外部环境因素。① 更属难能可贵的是，还有学者率先从

---

① 参见李建明：《死刑案件错误裁判问题研究——以杀人案件为视角的分析》，载《法商研究》2005 年第 1 期；冀祥德：《民愤的正读——杜培武、佘祥林等错案的司法性反思》，载《现代法学》2006 年第 1 期；陈永生：《我国刑事误判问题透视——以 20 起震惊全国的刑事冤案为样本的分析》，载《中国法学》2007 年第 3 期；李建明：《刑事错案的深层次原因——以检察环节为中心的分析》，载《中国法学》2007 年第 3 期；何家

心理学角度分析了刑事错案的心理学成因，黄士元在《刑事错案形成的心理原因》一文中指出，是各种心理偏差，如“隧道视野”(tunnel vision)、“后见之明”(hindsight bias, know-it-all-along effect)、“正当理由腐败”(noble cause corruption)等心理效应造就了刑事错案。①

遗憾的是，从黄文发表以来，似乎并没有引发更多的讨论，所以，时至今日，对刑事错案心理学的探讨仍然停步不前。本章以法律事实的认定为中心环节，以61个媒体披露的刑事错案为样本，②采取一种不同于黄文的认知心理学视角——具体来说，是以丹尼尔·卡尼曼(Daniel Kahneman, 2002年诺贝尔经济学奖获得者)、阿莫斯·特维斯基(Amos Tversky, 1937－1996)等人所揭示的认知偏差为视角——来分析造成刑事错案的原因所在，并尝试提出可能的解决方案。

第一节　一般性的法律事实认定图景

案件的裁判取决于事实。事实素有自然事实、证明事实、法律事实之分。自然事实，即客观事实，是既存的已发生的事实；证明事实，是通过各种手段所证明的事实；法律事实，则为法律规范所评价的证

弘、何然：《刑事错案中的证据问题——实证研究与经济分析》，载《政法论坛》2008年第2期；郭华：《侦查机关内设鉴定机构鉴定问题的透视与分析——13起错案涉及鉴定问题的展开》，载《证据科学》2008年第4期；侯猛：《政法传统中的民主集中制》，载《法商研究》2011年第1期；刘品新主编：《刑事错案的原因与对策》，中国法制出版社2009年版；董坤：《侦查行为视角下的刑事冤案研究》，中国人民公安大学出版社2012年版；胡铭：《错案是如何发生的——转型期中国式错案的程序逻辑》，浙江大学出版社2013年版。

① 参见黄士元：《刑事错案形成的心理原因》，载《法学研究》2014年第3期。

② 这些错案不仅被媒体披露，而且都已经被终审改判为无罪。

明事实。[1] 发现事实真相一直是法律事实认定的最高目标，这个事实真相，也就是所谓的自然事实。但是悖难之处在于，人类不能拥有上帝全知的视角，除非机缘凑巧，人类难以知悉自然事实的全貌。人类只能根据自然事实的一些只鳞片爪的线索，在思维中进行想象性建构，建构一个合情合理的故事，[2]我们把这个故事称为心理学事实。所谓的证明事实、法律事实，都是在心理学事实的基础上形成的。没有先入为主的心理学故事，我们不知道哪些物品是相关证据，在很多案件中，我们也不知道到哪里去寻找相关证据，事实上，许多证据往往是根据心理学故事来搜集和寻找的，也只有当这种心理学故事被证实时，我们才知道某件物品可以被称为相关证据。而所谓的法律事实，是证据事实的一个子集，当然也是建立在心理学故事的基础上。

一般而言，司法机关（尤指侦查机关）发现法律事实的过程可以分为以下几个环节：

第一步：发现案情

第二步：勘察现场、发现线索

第三步：根据线索，通过想象构造违法故事

第四步：锁定故事主角，即锁定犯罪嫌疑人

第五步：寻找证据，证实或证伪违法故事

第六步：移交审判，或者重新侦查

---

① 参见郑永流：《法律方法阶梯》（第2版），北京大学出版社2012年版，第36页。

② 对于这种编故事的过程，卡尼曼认为这是一种联结活化（associative activation）的活动：在脑中一连串扩散的活动中，被唤起的一些想法激发了很多其他想法，并构成一个具有连贯性（coherence）的故事。参见卡尼曼：《快思慢想》，洪兰译，天下远见出版股份有限公司2012年版，第78页。彭宁顿等人据此来解读陪审团的运作，指出陪审团决策的核心认知过程就是"故事建构"。参见Pennington, N. & Hastie, R., "A Cognitive Theory of Juror Decision Making: The Story Model", *Cardozo Law Review* 13, 1991, pp. 519－557。从格式塔心理学的角度来看，这种故事建构的过程则是一种完形填空的过程。参见陈林林、张晓笑：《裁判行为的认知心理学阐释》，载《苏州大学学报》2014年第4期。

这一法律事实认定的过程,也是一个"猜想——证实(证伪)"的过程,其中,最关键的就是第三步和第五步了。第三步是猜想,法律事实是否真实,即是否符合自然事实,在很大程度上取决于自然事实向心理学事实转化的过程是否准确;第五步是证实(伪),在这里重要的是要意识到,心理学事实是高度可错的,因此,求证的过程必须谨慎,绝对不能"一条道走到黑"那样去证实自己的结论。实际上,我们所研究的61件刑事错案中,都是最初的心理学重构出现了问题,而求证的过程又过于"一根筋",结果逼着犯罪嫌疑人把虚假的心理学故事"证实"了。

所以,在刑事错案中,法律事实的发现过程被扭曲了,变成了以下几个步骤:

第一步:发现案情

第二步:勘察现场、发现线索

第三步:根据线索,通过想象构造违法故事

第四步:锁定故事主角,即锁定犯罪嫌疑人

第五步:刑讯逼供,证实违法故事

第六步:移交审判

比如"杜培武'杀人'案",1998年4月22日,昆明市公安局通讯处民警王晓湘及昆明市石林县公安局副局长王俊波被人枪杀在一辆昌河微型警车上。由于案情重大,昆明市公安局成立了由精兵强将组成的"4·22"专案组来侦办此案。专案组调查发现,死者王晓湘与王俊波有婚外情。[1] 这一敏感信息及二人被同时枪杀的事实很容易刺激专案组虚构一个老套的故事:王晓湘与王俊波婚外情消息暴露,王晓湘的丈夫为了报复出轨的妻子及其情人,趁着两人幽会时,将两人抓了现行,并将两人枪杀。这一想象性故事虽然老套,但是完全合乎情理(老套的一般都

① 参见陈昌云:《从民警到死囚,从死囚到民警——"民警杜培武故意杀人冤案"昭示了什么》,载《人民公安》2000年第18期。

是合乎情理的),本案专案组在这一假想故事的驱使下,很快将目标锁定在王晓湘的丈夫身上。巧的是,王晓湘的丈夫杜培武本身也是个警察,所以开枪杀人这个技术性问题也解决了。以上这一心理过程也许可以解释为什么杜培武是第一个进入警方视线的人,虽然由于杜培武不承认,警方也调查过其他线索,但是最终仍然锁定了杜培武。在这里,重要的是要意识到,警方基于零星线索虚构犯罪故事的过程是一个直觉反应的过程,这个过程是警方无法控制的,甚至是不能意识到的,这正是我们直觉系统的特点,直觉系统是"无法关闭的",它会对线索产生反应,自动生成故事图像。而一旦生成故事图像,它就会对警方的行为和思考产生引导作用。应该说,从认知的角度来说,警方的行为并没有大错,但是警方显然对这个可错的想象性故事过于自信了,随后他们对杜培武进行了残酷的审讯,刑讯"超出人的生理、心理忍耐极限",最后,杜培武作出了有罪供述,"证实"了警方的想象性故事。也就是起诉书所称的:"被告人杜培武因怀疑其妻王晓湘与王俊波有不正当两性关系,而对二人怀恨在心……被告人杜培武与王晓湘、王俊波相约见面后……先后将王俊波、王晓湘枪杀。"①

又如"李怀亮'杀人'案",2001 年 8 月 2 日晚,河南叶县湾李村村民郭晓萌去村北沙河堤上摸"爬了狗"(当地对知了幼虫的土俗称呼)未回。后经公安机关调查,确认该女被害并被抛尸入河。在排查中,李怀亮因当晚也在案发现场附近摸过"爬了狗"而被公安机关带走。这一关键信息使警方大脑自动生成了这样一个画面:李怀亮与郭晓萌一起摸"爬了狗"卖,因为利益冲突起争执,李怀亮一时冲动杀人抛尸。这一故事也是有点老套而又合情合理,而故事情节越合理,警方对故事的信心就越大。由于故事的生成是一个直觉的过程,对于这个过程,警方缺乏

① 参见陈昌云:《从民警到死囚,从死囚到民警——"民警杜培武故意杀人冤案"昭示了什么》,载《人民公安》2000 年第 18 期。

监控,缺乏对故事的反思检查,所以,警方也就很难意识到故事的高度可错性,反而对故事信心百倍。最终,为了证实这一想象性故事,警方又进行了刑讯逼供,在刑讯之下,他们得到了李怀亮的口供,又一起错案被生产出来了。

再如“胥敬祥‘抢劫’案”,1991 年春节之后,河南省周口地区鹿邑县杨湖口乡接连发生十几起抢劫案。1992 年 2 月,一老乡和胥敬祥喝酒时,发现妻妹被抢劫的绿色毛背心穿在他身上。于是一个想象性故事顺理成章地出现了:胥敬祥实施了抢劫,并得意忘形地将抢劫得到的绿色毛背心穿上了。这个想象性故事虽说多少有点低估了胥敬祥的警惕心理,但是也不失合理性。由此,胥敬祥被锁定,尽管随后胥敬祥辩解说绿色毛背心是自己在集市上买的,并有证人胥祖国可以作证,但是警方受到想象性故事的驱使,一意孤行,在刑讯之下,胥敬祥如警方所愿,“证实”了这个故事,“我被抓的第二天晚上,公安局的几个人将我捆住,先用棍子把我的脚打烂,后来用穿着皮鞋的脚跺我的脚踝骨,我疼得昏死过去。他们折磨我三天三夜……最后我不得不承认抢劫。”①

在刑事错案中,疯狂而又无处不在的刑讯逼供令人感到触目惊心。根据笔者对相关刑事错案新闻报道的梳理,几乎每一件错案都存在不正当的刑讯逼供。② 逼供手法之繁多、程度之残酷也令笔者大开眼界。若是要追问为什么存在如此野蛮而又普遍的刑讯逼供现象,则不少论者的研究已经给出了颇为合理的解释,其中,主要的原因诸如“命案必破”的

---

① 杨维汉:《胥敬祥,13 年沉冤尽洗——河南省检察机关无罪抗诉第一案纪实》,载《决策探索》2005 年第 9 期。

② 许多刑讯逼供是当事人出狱后接受媒体采访时单方面的说法,并没有得到相关机构的证实。但依照人情之常,当事人一旦招供,将会面临严厉惩罚,尤其是一些压根没有犯罪的人也招供了(后来真凶出现可以证明他们的清白),如果不曾面临一些“过不去的坎”,他们为何招供?由此可以相信当事人的说法是可信的。这与陈兴良先生说法可以相互印证,“每一起刑事错案背后,基本上都有刑讯逼供的黑影……几乎百分之百的错案,都是刑讯逼供所致。”陈兴良:《错案何以形成》,载《公安学刊》2005 年第 5 期。

政治压力、办案经费的短缺以致无法采纳更有效的侦破手段等,[1]都一语中的,但是在所有这些原因中,却缺少一个认知方面的解释。从认知心理学的角度看,基于案件线索构造一个合乎情理的心理学故事是人的直觉反应机制,但是为什么侦查机关对自己构造的心理学故事这么有信心?应该说,对心理学故事的可错性认识不足也是导致刑事错案的一个重要的因素,在某种程度上,正是由于对心理学故事的强大信心,驱使侦查机关对刑讯逼供一再升级,最后竟是欲罢不能,令形势变成典型的懦夫博弈(chicken game),比的是谁的决心最大。

第二节　普遍存在的认知偏差

我们的心智会根据一些零散的线索自动生成犯罪故事的画面,这是我们心智的一种本能,根据卡尼曼的看法,这是我们心智中负责直觉思考的系统一自动运作的结果。卡尼曼认为,我们每个人身上都有两个系统:系统一进行的是捷径思考,捷径思考是不费力气的、无意识的、不由自主的、不受控制的;系统二是要调动注意力去做费力的心智活动,理性思考,是有意识的、可控制的。[2] 在卡尼曼看来,系统一的运作是"关不掉"的,系统二虽可以对系统一进行监控,但是由于系统二非常"懒惰"(本质上是因为系统二的运作需要耗费大量的能量),所以它常常放过核实系统一运作结果的机会。

作为一种快速判断的机制,系统一的运作对我们的生活非常重要,因为人类在进化过程中,常常会面临需要快速反应的危机时刻,这时系

① 参见陈永生:《我国刑事误判问题透视——以20起震惊全国的刑事冤案为样本的分析》,载《中国法学》2007年第3期。

② [美]卡尼曼:《快思慢想》,洪兰译,天下远见出版股份有限公司2012年版,第39页。

统一会提供活命的机会——这实际上也是系统一为什么会被发展出来的理由。但是问题在于,系统一自动作出的判断虽然常常是正确的,但有时也会犯错,如果不能清醒地意识到系统一的高度可错性,并发动自己的系统二来纠错的话,就会出现致命的错误,比如,出现刑事错案。

卡尼曼等人认为,我们在不确定情势下的判断很多时候是一种基于某些线索而作出的启发式判断。卡尼曼、特维斯基等人的研究表明,启发式直觉判断存在系统的偏差现象,其中主要的三种偏差分别是代表性偏差(representativeness bias)、易得性偏差(availability bias),以及锚定性偏差(anchor bias)。

(一)代表性偏差

代表性启发法告诉我们,人们通常会根据一个事例在多大程度上能够代表其范畴,或者该事例在多大程度上与该范畴相似来进行归类。[①]代表性启发法在我们的日常生活中非常普遍,很多时候,它能帮助我们方便快捷地作出正确的判断和决策,但有时候,它也会诱导我们作出错误的判断和决策,也就是会发生代表性偏差。所谓代表性偏差,概言之,就是人们会根据过去的传统和相似的情况,对事件进行归类,却忽略了基础概率的一种偏差现象。[②] 比如这样一个问题:

张三长相猥琐,游手好闲却对社会不满,他曾经偷看女人上厕所,并曾经因为犯罪而被判 3 年有期徒刑,请问张三是:

A. 犯罪嫌疑人　　　　B. 守法公民

对于这个问题,根据认知心理学对相似问题所做的大量实验,[③]大部分人会选择 A 作为答案,这是因为,该问题对张三的描述被认为符合了犯

---

① See Ziva Kunda, *Social Cognition: Making Sense of People*, The MIT Press, 1999, p. 57.

② 参见李富军、杨春鹏、吕世瑜、刘菲菲:《认知偏差理论研究的现状与展望》,载《青岛大学学报》(自然科学版)2006 年第 4 期。

③ See Amos Tversky & Daniel Kahneman, "Judgment under Uncertainty: Heuristics and Biases", *Science* 185, 1974, pp. 1124 - 1127.

罪分子某些具有代表性的特征，但是这个骤下结论的答案实际上是错误的，根据心理学家的看法，在我们不知道张三的身份时，本应该按照人群中守法公民与犯罪分子的比率来判断张三更可能是谁，由于守法公民的数量远高于犯罪分子，所以张三更有可能是守法公民。心理学家认为，正是我们认知上的代表性判断思维导致了这样的代表性偏差，这也是一个普遍存在的认知偏差。

在笔者研究的刑事错案中，有很大一部分犯罪嫌疑人之所以被锁定，就是因为其身上具有某些“犯罪分子”的特征，比如有些人具有一定的暴力倾向，有些人喜欢游手好闲，有些人则具有犯罪前科，有些人表现出色情狂的特征，这些人很容易基于代表性判断而被认定为犯罪嫌疑人。

典型的例子比如“高进发‘强奸杀人’案”，2002 年 3 月 6 日，陕西省大荔县陈村幼女李某被奸杀，而在过去十几年间陈村还曾发生过两起奸杀幼女案，三起案件有许多相似之处，比如犯罪对象都是未成年少女，犯罪手段都是强奸并杀害，被害人尸体都被投入机井内等。一再发生类似的案件给当地政府带来极大的压力，在李某被奸杀后，当地公安局成立了专案组，办案民警吃住都在村里，并立下军令状：“就是挖地三尺，也要把恶魔抓获。”①在这种风声鹤唳的情况下，陈村四组组长高进发进入了警方视线，最主要的原因就是他有性犯罪前科，高进发 1979 年曾因犯奸淫幼女罪被大荔县人民法院判处有期徒刑 7 年，高进发具有奸杀幼女罪犯的典型特征，根据代表性启发法，他很容易被怀疑为犯罪凶手。在这种情况下，虽然陈村的 9 位村民作证高进发在案发时正和他们一起开会，大荔刑警队还是逮捕并审讯了高进发，“大荔刑警队以我有性犯罪前科为由……对我进行了 11 天的非法羁押和突审，不让睡觉，并对我进行殴打和诱供。在我极度困乏，腿脚浮肿，出现幻觉、精神崩溃的情况下，无奈按照我听人

① 王晓英：《他是又一个佘祥林?》，载《西安晚报》2005 年 8 月 1 日。

说的一些案情情节及审讯人员提示的情节对杨某案进行了招供。”①

在笔者研究的61件刑事案件中，这种因为某些人群具有犯罪人的典型特征而被锁定为犯罪嫌疑人并导致冤案的情况还有甘肃“杨黎明、杨文礼、张文静‘抢劫杀人’案”、湖北安陆“艾小东‘强奸’案”、湖南“杨明银‘抢劫’案”、湖北枣阳“杨锡发‘强奸杀人’案”、广西来宾市“卓发坤‘杀人’案”、贵州“高如举、谢石勇‘抢劫杀人’案”、柘城“张振风‘抢劫、强奸’案”，共8件，约占比13%。详见表6-1。

（二）易得性偏差

易得性偏差，是易得性启发法运用过程中出现的一种偏差。易得性启发法，简单来说，就是根据一些容易想起来的因素来判断某种事物出现的可能性。② 人的大脑容量总是有限的，所以，在做决定的时候不大可能是根据完全充分的信息，而总是不由自主根据那些在做决定时容易回忆起来的信息。什么信息是比较容易回忆出来的呢？一般来说，常常重复的信息、比较新的存留在脑海里的信息、比较深刻的信息都会比较容易回忆。在笔者研究的刑事错案中，有些判断错误就是因为信息的易得性导致的。我们可以将此类错案分为以下几大类：

第一，嫌疑人因为某些容易想起来的信息而被认为是死者的最后接触者。一般来说，杀害死者的凶手往往是死者生前最后接触的人。很多案件发生后，警方往往根据这一常识而搜寻谁是最后接触者，一旦锁定对象出错，就很容易出现冤案。比如在轰动一时的杭州“张氏叔侄冤案”中，安徽姑娘王某在杭州遇害，谁是凶手呢？警方根据“杀害死者的凶手往往是死者生前最后接触的人”这一常识把问题转换成了：“谁是最后接触者呢？”这时一个易得性判断便进入了警方的脑海，即通过被害人的手机通讯记录可以查出谁是最后接触者，这之所以是一个易得性判断，是因为手

---

① 王晓英：《他是又一个佘祥林?》，载《西安晚报》2005年8月1日。

② See Ziva Kunda, *Social Cognition: Making Sense of People*, The MIT Press, 1999, p. 89.

表 6–1　刑事错案中的代表性偏差

序号	被告人	案发地	案发时间	涉嫌罪名	法院判决①	羁押或服刑时间	平反原因	是否刑讯逼供	锁定主因	认知偏差类型
1	杨黎明、杨文礼、张文静	甘肃省	1992 年	杀人抢劫、盗窃罪	杨黎明、杨文礼死刑、张文静死缓	1992 年 11 月至 1996 年 2 月	真凶肖国红、唐世禄、夏毓刚供认	√	杨黎明、杨文礼、张文静均有吸毒史，杨黎明还有打架被劳教经历	代表性偏差
2	艾小东	湖北省	1993 年	故意杀人罪	有期徒刑 15 年	1995 年 6 月 17 日至 1998 年 7 月 22 日	事实不清、证据不足	√	偷看女人解手	
3	杨明银	湖南省	1995 年	抢劫罪	有期徒刑 16 年	1996 年 11 月 6 日至 2006 年 9 月 15 日	真凶田中华、李勇、朱法权供认	√	有违法前科	
4	杨锡发	湖北省	2002 年	故意杀人罪、强奸罪	一审死缓、重审无期	2002 年 2 月至 2004 年 6 月	证据不足	√	杨锡发平时行为不检点	

① 由于许多刑事错案的判决都一再反复，这里的判决一般指终审生效判决，如果在最后平反前没有生效判决，则指一审判决。

续表

序号	被告人	案发地	案发时间	涉嫌罪名	法院判决	羁押或服刑时间	平反原因	是否刑讯逼供	锁定主因	认知偏差类型
5	卓发坤	广西壮族自治区	2002年	故意杀人罪	死刑	2002年11月27日至2009年4月24日	事实不清，证据不足	√	被告人有盗窃罪前科	
6	高进发	陕西省	2002年	故意杀人罪、强奸罪	死缓	2002年3月11日至2005年7月9日	证据不足，宣告无罪	√	被告人有性犯罪前科	
7	高如举、谢石勇	贵州省	2004年	抢劫罪、故意杀人罪	无期徒刑	2004年5月7日至2014年7月25日	真凶李家彬出现	√	被告人有盗窃罪前科	
8	张振风	河南省	2007年	强奸罪、抢劫罪	死缓	2007年6月3日至2010年9月6日	真凶王银光、王长林、王献志等出现	√	张振风游手好闲、出手阔绰、赌博、与不三不四的人员厮混、行踪诡秘	

机通讯记录是同时查明通讯者与通讯次序的比较容易想起的方法。杭州警方在作出这一易得性判断之后，从此便把注意力集中到了张氏叔侄身上，因为他们是被害人王冬手机通讯录的最后联络者。也正是这一易得性判断错误在先，使杭州警方在后面的办案过程中如中魔咒，在许多其他线索的警醒下，还是一意孤行地锁定了张氏叔侄，为此不惜刑讯逼供和诱供，也无视了 DNA 这样有力的异议证据，最后造成令人震惊的冤案。“张氏叔侄冤案”并非孤例，类似的案件比如吉林“刘吉强‘杀人’案”，详见表 6－2。

表 6－2　刑事错案中的易得性偏差

序号	被告人	案发地	案发时间	涉嫌罪名	法院判决	羁押或服刑时间	平反原因	是否刑讯逼供	锁定主因	认知偏差类型
1	刘吉强	吉林省	1998 年	故意杀人罪	死缓	1998 年 2 月至 2016 年 4 月 29 日	证据不足	√	案发当天，刘吉强两次传呼郭某的 BP 机	易得性偏差
2	张辉、张高平	浙江省	2003 年	强奸罪	张辉死缓、张高平有期徒刑 15 年	2003 年 5 月 23 日至 2013 年 3 月 26 日	证据不足	√	被害人王冬最后一个电话联络人是张高平	

第二,因为嫌疑人与被害人平时有嫌隙而容易想到嫌疑人报复被害人。通常情况下,犯罪人从事犯罪行为总是出于一定的理由和动机,这也是侦查机关侦办案件的重点和突破口,而双方结怨一般来说提供了一个绝好的犯罪理由或动机,所以,在很多案件中,警方都是从这方面进行设想,构造犯罪故事。这种做法是有合理性的,但也不可忽视其出错的可能性,实际上,在笔者研究的刑事错案中,基于此种错误而产生的错案是占比最大的——一共16个,约占26%![1] 比较典型的案件比如福建"陈科云、吴昌龙'爆炸'案",2001年6月24日,福清市纪委信访接待室发生邮包爆炸事件,该案发生后,福州市公安局牵头成立了由五十多名干警组成的"6·24"专案组来进行调查。因为被炸的对象是纪委,所以很容易想到凶手是受纪委处罚并怀恨在心的人,这样,时任福清国际经济技术合作公司经理陈科云顺理成章地成为了主要嫌犯,因为他此前被会计陈奋真举报有财务问题,福清纪委曾介入调查,所以,陈被视为和福清纪委"有仇的人"。[2] 此后,专案组决定把侦查重点放在陈科云和他的司机吴昌龙身上,最终,两人被迫入狱12年。除此之外,河北"刘俊海、刘印堂'故意杀人'案"、黑龙江"隋洪建'伤害'案"、河南尉氏县"朱旺波、朱连生'盗窃'案"、河南"赵作海'故意杀人'案"、贵州"杨宗发'杀人'案"、河南"王俊超'强奸'案"、河北保定"赵艳锦'杀人'案"、云南昭通"范家礼'杀人'案"、甘肃"周振林'投毒'案"、江西"叶烈炎'爆炸'案"、河北沧州"李春兴'杀人'案"、广西恭城瑶族自治县"王坤'杀父'案"、江西上饶"费志标、费琴兄妹'杀人'案"、云南"尹用国'杀人'案"、甘肃定西"陈琴琴'杀人'案",都属于此种类型,详见表6-3。

---

① 这一统计数据还不包括下文的因为婚恋矛盾而被当作犯罪嫌疑人的情形。

② 参见韩雨亭:《福清囚徒》,载《南都周刊》2013年第18期。

表 6-3 刑事错案中的易得性偏差

序号	被告人	案发地	案发时间	涉嫌罪名	法院判决	羁押或服刑时间	平反原因	是否刑讯逼供	锁定主因	认知偏差类型
1	刘俊海、刘印堂	河北省	1988年	故意杀人罪	未判	1988年5月1日至2003年4月29日	事实不清、证据不足	√	被告人刘俊海与其叔父刘勤生家素有矛盾	易得性偏差
2	隋洪建	黑龙江省	1994年	故意伤害罪	有期徒刑3年	1994年9月至1999年8月	真凶另案落网	√	隋洪建与被害人有矛盾	
3	朱旺坡、朱连生	河南省	1995年	盗窃罪	5年6个月	1995年5月14日至1999年2月1日	真凶王连振、晋玉田等出现	√	失主朱新军家欠朱旺坡家钱一直不还，朱旺坡扬言报复	
4	赵作海	河南省	1997年	故意杀人罪	死缓	1999年5月9日至2010年5月	被害人赵振晌出现，真凶李海金、杨明福、张祥良等出现	√	赵作海和赵振晌因工钱、争风吃醋等积怨	

续表

序号	被告人	案发地	案发时间	涉嫌罪名	法院判决	羁押或服刑时间	平反原因	是否刑讯逼供	锁定主因	认知偏差类型
5	杨宗发等	贵州省	1998年	故意杀人	无期徒刑	1998年1月19日至2007年6月	证据不足、事实不清	√	被害人张华秀因为信教与儿子杨宗发一家水火不容	
6	王俊超	河南省	1999年	奸淫幼女罪	有期徒刑9年	1999年6月至2005年8月	真凶王雪山供认	√	因分家琐事，王俊超与王天欣家素来不睦	
7	陈科云、吴昌龙	福建省	2001年	爆炸罪	一审死缓、重审无期	2001年7月27日至2013年2月8日	证据不足	√	陈科云因被会计陈奋真举报而遭福清纪委调查，所以，陈被视为和福清纪委“有仇的人”	

续表

序号	被告人	案发地	案发时间	涉嫌罪名	法院判决	羁押或服刑时间	平反原因	是否刑讯逼供	锁定主因	认知偏差类型
8	赵艳锦	河北省	2001年	故意杀人罪	无期徒刑	2001年10月15日至2013年2月6日	事实不清、证据不足	√	一年前，李桂兰因琐事与赵艳锦家发生冲突，造成一人重伤、一人轻伤	
9	范家礼	云南省	2001年	故意杀人罪	范家礼、范荣所死刑、范荣昌有期徒刑10年	2001年12月8日至2004年7月	事实不清、证据不足	√	范家礼的三儿子范荣昌曾被死者儿子迟焕明打过三钉耙，为此迟家赔偿了范家750元钱	
10	周振林	甘肃省	2002年	故意杀人罪	死缓	2002年5月至2005年5月20日	证据不足	√	两家素有矛盾	
11	叶烈炎	江西省	2002年	爆炸罪	有期徒刑13年	2002年9月至2005年4月	证据不足	√	叶烈炎与赌场老板因工资问题有矛盾	

续表

序号	被告人	案发地	案发时间	涉嫌罪名	法院判决	羁押或服刑时间	平反原因	是否刑讯逼供	锁定主因	认知偏差类型
12	李春兴	河北省	2003年	故意杀人罪	死刑	2003年6月8日至2005年12月7日	证据不足	√	李春兴与死者李树行有矛盾	
13	王坤	广西壮族自治区	2003年	故意杀人罪	无期徒刑	2003年9月20日至2005年4月19日	事实不清，证据不足	√	因家庭矛盾，王坤与父亲王以星长期不和	
14	费志标、费琴	江西省	2004年	故意杀人罪	一审判费琴无期徒刑、费志标有期徒刑10年	2004年9月5日至2007年4月26日	证据不足	√	夫妻口角	

续表

序号	被告人	案发地	案发时间	涉嫌罪名	法院判决	羁押或服刑时间	平反原因	是否刑讯逼供	锁定主因	认知偏差类型
15	尹用国	云南省	2004年	故意杀人罪	死刑	2004年4月19日至2005年9月6日	事实不清，证据不足	√	八年前，被害人曾遭尹用国强奸，尹用国刑满释放后一直对被害人耿耿于怀	
16	陈琴琴	甘肃省	2009年	故意杀人罪	死缓	2009年9月至2014年9月30日	事实不清，证据不足	√	两家刚因马驹踩踏胡麻苗而发生争执	

第三,因为嫌疑人与被害人(或相关关系人)有婚恋关系而容易想到是因为婚恋矛盾而杀人。婚恋矛盾是生活中一种常见的矛盾,虽然升级到杀人泄愤的不多,但也不鲜见,所以,一旦警方遇到此类案件,就会不由自主地发生易得性联想,尤其是一些“婚外恋”“地下情”的情况就更是容易激发办案人员的想象。典型的例子比如在“李久明‘杀人’案”中,冀东监狱二支队政治处主任李久明与民警宋淑丽的妹妹宋淑红有婚外情,宋淑红多次到李久明家打闹要求李久明与妻子离婚,所以当宋淑丽家发生入室伤人案后,很容易联想是李久明报复杀人。最后在电击、灌辣椒水、用打火机烧、长时间不让睡觉等手段下,李久明承认了“犯罪事实”,本案直至真凶蔡明新出现,才水落石出。除此之外,还有武汉“吴鹤声‘杀人’案”、黑龙江“杨云忠‘杀人’案”、云南“孙万刚‘杀人’案”、安徽芜湖“刘明河‘杀人’案”、云南“杜培武‘杀人’案”、濮阳南乐县“胡电杰‘杀人’案”、湖南“曾爱云‘杀人’案”、山西忻州“刘翠珍‘杀人’案”、四川内江“戴传玉‘杀人’案”、北京“常林锋‘杀妻焚尸’案”都属于此种类型,详见表6-4。

表 6-4 刑事错案中的易得性偏差

序号	被告人	案发地	案发时间	涉嫌罪名	法院判决	羁押或服刑时间	平反原因	是否刑讯逼供	锁定主因	认知偏差类型
1	吴鹤声	湖北省	1991年	故意杀人罪	无期徒刑	1991年4月15日至1999年12月22日	真凶丁剑鸣供认	√	吴鹤声与被害人余某有感情纠葛	易得性偏差
2	杨云忠	黑龙江省	1994年	故意杀人罪	无期徒刑	1994年12月2日至2001年10月5日	真凶王英利、路洋供认	√	杨云忠、胡某某、赵乃文三角恋	
3	孙万刚	云南省	1996年	故意杀人罪	死缓	1996年1月3日至2004年2月10日	事实不清，证据矛盾	√	孙万刚与被害人因为恋爱关系而发生矛盾	
4	刘明河	安徽省	1996年	故意杀人罪	死刑、无期徒刑	1996年6月30日至2001年4月27日	证据不足	√	根据被害人日记，刘明河与被害人有婚外情	
5	杜培武	云南省	1998年	故意杀人罪	死缓	1998年7月2日至2000年7月11日	真凶杨天勇供认	√	王俊波（被害人）插足杜培武、王晓湘（被害人）婚姻	

续表

序号	被告人	案发地	案发时间	涉嫌罪名	法院判决	羁押或服刑时间	平反原因	是否刑讯逼供	锁定主因	认知偏差类型
6	胡电杰	河南省	2002年	故意杀人罪	死缓	2002年3月23日至2011年1月	事实不清、证据不足	√	胡电杰与被害人有不正当男女关系	
7	李久明	河北省	2002年	故意杀人罪、非法持有枪支罪	死缓	2002年7月16日至2004年11月26日	真凶蔡明新落网	√	李久明与被害人妹妹有婚外情，并因李久明不肯离婚而矛盾激化	
8	曾爱云	湖南省	2003年	故意杀人罪	死刑	2003年10月29日至2015年7月21日	事实不清，证据不足	√	曾爱云、李霞、周玉衡三角恋	
9	刘翠珍	山西省	2003年	故意杀人罪	死缓、死刑	2003年5月至2005年8月2日	事实不清、证据不足，不起诉	√	刘翠珍因对与其解除非法同居关系的姜某心怀不满	

续表

序号	被告人	案发地	案发时间	涉嫌罪名	法院判决	羁押或服刑时间	平反原因	是否刑讯逼供	锁定主因	认知偏差类型
10	戴传玉	四川省	2004年	故意杀人罪	死缓	2004年10月29日至2007年11月7日	事实不清、证据不足	√	戴传玉与被害人有长期情人关系	
11	常林锋	北京市	2007年	故意杀人罪、放火罪	死缓	2007年9月26日至2013年3月20日	事实不清、证据不足	√	夫妻感情不和，常林锋有外遇	

第四,因为嫌疑人与被害人之间的利益关系而容易联想。在这种情况下,嫌疑人与被害人并没有宿怨,但是嫌疑人与被害人之间存在利益冲突关系,往往是被害人死亡,会带来嫌疑人获益的结果,这很容易激发这样一个想象性犯罪故事:嫌疑人出于利益诱惑,加害被害人。比如前述河南"李怀亮'杀人'案",即属于此种类型;再如被改编成小说的七台河"鲁德宝'杀人'案",联通寻呼七台河分公司的经理被人谋杀,由于时机正值该市国讯寻呼七台河分公司即将与联通寻呼七台河分公司合并之际,所以该案很自然地被想象为以下故事:为了争夺合并后的"一把手"职位,国讯寻呼七台河分公司经理鲁德宝"指使"本单位司机张兴福雇用无业人员刘洪宝,谋杀自己的竞争对手——联通寻呼七台河分公司经理。此类案件,详见表6-5。

(三)锚定性偏差

锚定性偏差是指个体在不确定情境的判断与决策过程中,他周围呈现的一些无关信息会影响其随后的判断,使其最后的判断结果偏向该信息的一种判断偏差现象。锚可以理解为判断的一个基准,实验证明,人们的判断会受到锚的较大影响,实际上,判断会根据锚来进行,虽然判断者会作出调整,但是调整并不充分。① 在最近的锚定效应研究中,人们发现不仅仅是数字可以成为锚,而且印象、观点等都可以成为锚;②不仅外部给定的信息可以成为锚(外部锚),也可以通过一定的信息刺激让被试自生出锚(内部锚)。③ 在笔者研究的61件刑事错案中,锚定性判断偏差主要有如下几种情况:

---

① See Amos Tversky & Daniel Kahneman, "Judgment under Uncertainty: Heuristics and Biases", *Science* 185, 1974, p. 1128.

② See Nicholas Epley, Boaz Keysar, Leaf Van Boven, Thomas Gilovich, "Perspective Taking as Egocentric Anchoring and Adjustment", *Journal of Personality and Social Psychology* 87, 2004, pp. 327-339.

③ See Nicholas Epley & Thomas Gilovich, "Putting Adjustment Back in The Anchoring and Adjustment Heuristic: Differential Processing of Self-Generated and Experimenter-Provided Anchors", *Psychological Science* 12, 2001, pp. 391-396.

表 6-5　刑事错案中的易得性偏差

序号	被告人	案发地	案发时间	涉嫌罪名	法院判决	羁押或服刑时间	平反原因	是否刑讯逼供	锁定主因	认知偏差类型
1	鲁德宝	黑龙江省	2000年	故意杀人罪	死刑	2000年5月至?	证据不足	√	被告人与被害人竞争同一职位	易得性偏差
2	李怀亮	河南省	2001年	故意杀人罪、强奸罪	死缓	2001年8月7日至2013年4月25日	证据不足	?	李怀亮与被害人一起摸知了幼虫卖,可能因为利益冲突起争执	

1. 举报线索锚定

在笔者研究的61件刑事错案中,有6件案件是由于警方接到举报线索,警方受线索信息锚定,从而锁定了嫌疑人,约占10%。比如在著名的"佘祥林'杀妻'案"中,妻子张在玉与佘祥林吵架后离家出走,张在玉的娘家亲属认定是被佘祥林杀害,遂向公安机关报案,公安机关随后将目标锁定在佘祥林身上,并通过刑讯逼供等手段获取了当事人的口供,最终佘祥林被判处15年有期徒刑。在佘祥林狱中服刑11个年头后,其"被杀"的妻子张在玉却突然从山东返回了家乡,本案遂大白于天下。佘祥林案是我国法治进程中一个引人注目的负面案例,回头反思这一冤案的发生原因时,举凡"骨子里面不尊重人"这样的文化理念、"命案必破"这样的政治绩效、"刑讯逼供"这样的雷霆手段都责无旁贷,但是另一个心理学上的因素却鲜少有人注意,那就是为什么公安机关会一开始就认定张在玉是被佘祥林杀害的,难道失踪人张在玉不能是走失了?即使是被杀害,为什么犯罪嫌疑人一定是佘祥林?在这里,我们发现,决定公安机关思考方向的,是张在玉娘家亲属一开始提供的意见,他们在案发后就直接锁定了案件事实与犯罪嫌疑人,构造了恶劣丈夫谋杀可怜妻子的故事(张在玉娘家亲属之所以会构造这样的故事,可能是基于佘祥林夫妻平素经常吵架的情况而作出的易得性判断)。从心理学角度来看,张在玉娘家亲属的意见实际上构成了公安机关判断事实的锚点,并引导了整个冤案的走向。所以,正如媒体所恰如其分地评论的:"张在玉的娘家亲属无端怀疑佘祥林杀妻,并以各种方式对司法机关施加压力,客观上成为铸成这起冤案的重要助力。"①在笔者研究的刑事错案中,此种受举报线索锚定的案件还有河北曲周县"徐计彬'强奸'案"、湖南"姜自然'故意杀人'案"、河南驻马店泌阳县"邹书军、袁海强'盗窃'案"、广西河池"覃俊虎、兰永奎'抢劫'案"、安徽宿州"刘志'抢劫'案"等,详见表6-6。

---

① 于一夫:《佘祥林冤案检讨》,载《南方周末》2005年4月14日。

表 6－6　刑事错案中的锚定性偏差

序号	被告人	案发地	案发时间	涉嫌罪名	法院判决	羁押或服刑时间	平反原因	是否刑讯逼供	锁定主因	认知偏差类型
1	徐计彬	河北省	1990年	强奸罪	有期徒刑8年	1991年4月30日至1999年	血型检验错误	√	被害人指控	锚定性偏差
2	姜自然	湖南省	1992年	故意杀人罪	死刑	1992年2月19日至1998年7月14日	证据不足	√	有人反映姜自然曾到被害人家打过麻将	
3	佘祥林	湖北省	1994年	故意杀人罪	有期徒刑15年	1994年4月至2005年4月	被害人现身	√	佘祥林妻张在玉因患精神病走失失踪，张的家人怀疑张在玉被丈夫杀害，向警方报案并施压	

续表

序号	被告人	案发地	案发时间	涉嫌罪名	法院判决	羁押或服刑时间	平反原因	是否刑讯逼供	锁定主因	认知偏差类型
4	邹书军、袁海强	河南省	1995年	盗窃	邹书军有期徒刑6年，袁海强有期徒刑5年零6个月	1995年12月14日至2001年1月13日	真凶出现	√	所长向警方反映，邹书军交给他的报纸款中有一张有记号，而被盗的钱中也有一张钱有记号	
5	覃俊虎、兰永奎	广西壮族自治区	1999年	抢劫罪、故意杀人罪	覃俊虎死刑，缓期2年执行，判处兰永奎无期徒刑	1999年2月28日至2003年6月28日	真凶牙韩胜出现	√	有人举报兰永奎和覃俊虎曾在案发地附近出现	
6	刘志	安徽省	1999年	抢劫罪	有期徒刑13年	2002年10月10日至2008年7月25日	真凶李庆乾供认	√	张立华为立功虚假检举刘志	

2. 鉴定结论、测谎信息锚定

作为最基本的技术鉴定手段，血液鉴定、指纹鉴定、测谎等被广泛应用于刑事案件的侦查过程中，这些鉴定结论很容易影响侦办人员的认知，成为其思维中的一个拔不掉的锚。笔者研究的刑事错案中，有一些错案很明显就是由于错误（不可靠）的鉴定结论和测谎结果导致的。比如“徐东辰‘杀人’案”，村里的少妇沙某被人杀死在麦田里，阴道里还有精液，警察进行了排查，徐东辰因为自己的A型血能和沙某身体里残留物的血型对得上而成为犯罪嫌疑人。而就是这个“显然不具有排他性和唯一性的鉴定结论，差一点将徐东辰送上不归路”，①他因此先后四次被判死刑。除此之外，还有河北曲周县“徐计彬‘强奸’案”、武汉“吴鹤声‘杀人’案”、甘肃“杨黎明、杨文礼、张文静‘杀人’案”、黑龙江“杨云忠‘杀人’案”、内蒙古“呼格吉勒图‘杀人’案”、辽宁“张庆伟‘强奸杀人’案”等都存在血型锚定问题。至于测谎信息，学界对测谎结论的认定一直争执不休，②但是测谎结果与测谎人的经验、被测者的心理等高度相关，因而具有比较大的不确定性却是公认的事实。在实践中，许多刑侦人员还是低估了测谎结论的不确定性，出现了很明显的被测谎结论锚定的现象。比如安徽亳州“王什彩‘杀人’案”，王什彩之所以被锁定，最主要的原因就是他测谎不过关。除此之外，四川内江“戴传玉‘杀人’案”，测谎结论也是导致错案的一个重要原因，警方对戴传玉测谎时，显示他说谎的可能性为62%。③ 云南“杜培武‘杀人’案”，测谎结论也同样导致了警方误入歧途。此类案件，共有12件，约占20%。详见表6－7。

---

① 胜华：《跨世纪奇案：一个四次被判死刑的人终于回家》，载《法治与社会》2006年第11期。

② 参见王戬：《论测谎证据》，载《法学》2000年第11期；何家弘：《测谎结论与证据的“有限采用规则”》，载《中国法学》2002年第2期；杨旺年：《关于测谎及其结论的争议与评析》，载《法律科学》2004年第2期；柴晓宇：《测谎结果的证据属性及运用规则探析》，载《浙江社会科学》2015年第4期。

③ 参见正声：《走过血案疑云，出轨丈夫悲情跪谢大义妻子》，载《婚姻与家庭》2008年第3期。

表 6－7　刑事错案中的锚定性偏差

序号	被告人	案发地	案发时间	涉嫌罪名	法院判决	羁押或服刑时间	平反原因	是否刑讯逼供	锁定主因	认知偏差类型
1	徐计彬	河北省	1990年	强奸罪	有期徒刑8年	1991年4月30日至1999年	当年血型鉴定有误	√	血型比对	锚定性偏差
2	吴鹤声	湖北省	1991年	故意杀人罪	无期徒刑	1991年4月15日至1999年12月22日	真凶丁剑鸣供认	√	血型比对	
3	杨黎明、杨文礼、张文静	甘肃省	1992年	杀人抢劫、盗窃罪	杨黎明、杨文礼死刑、张文静死缓	1992年11月至1996年2月	真凶肖国红、唐世禄、夏毓刚供认	√	血型比对	
4	杨云忠	黑龙江省	1994年	故意杀人罪	无期徒刑	1994年12月2日至2001年10月5日	真凶王英利、路洋供认	√	血型比对	

续表

序号	被告人	案发地	案发时间	涉嫌罪名	法院判决	羁押或服刑时间	平反原因	是否刑讯逼供	锁定主因	认知偏差类型
5	呼格吉勒图	内蒙古自治区	1996年	故意杀人罪、流氓罪	死刑	1996年6月10日呼格吉勒图被执行死刑	真凶赵志红供认	√	血型比对	
6	张庆伟	辽宁省	1997年	故意杀人罪	无期徒刑	1997年6月14日至2003年	证据不足	√	血型比对	
7	杜培武	云南省	1998年	故意杀人罪	死缓	1998年7月2日至2000年7月11日	真凶杨天勇供认	√	测谎不过关	
8	徐辉	广东省	1998年	故意杀人罪、强奸罪	死缓	1998年9月17日至2014年9月15日	事实不清、证据不足	√	警犬追踪到徐辉家中，并对徐辉的凉鞋气味有明显反应	

续表

序号	被告人	案发地	案发时间	涉嫌罪名	法院判决	羁押或服刑时间	平反原因	是否刑讯逼供	锁定主因	认知偏差类型
9	徐东辰	河北省	1998年	故意杀人罪	死刑、死缓	1998年9月16日至2006年1月18日	证据不足	√	徐东辰的血是A型，能和沙某身上的残留物的血型对得上	
10	代克民、李保春、李超	安徽省	2002年	故意杀人罪	死刑	2006年9月至2014年1月10日	事实不清、证据不足	√	测谎不过关	
11	戴传玉	四川省	2004年	故意杀人罪	死缓	2004年10月29日至2007年11月7日	事实不清、证据不足	√	测谎不过关（说谎的可能性为62%）	
12	王什彩	安徽省	2008年	故意杀人罪	死缓	2009年2月15日至2013年4月3日	事实不清、证据不足	√	测谎不过关	

3. 案件情节锚定

这类案件其实可以再进行细分，比如从案件情节中推断出犯罪人具有某种特定技能，从而反向推理锁定犯罪嫌疑人，典型的例子如湖南麻阳"滕兴善'杀人'案"，当地发生了一起杀人碎尸案，失踪的石小荣被认为是被害人，由于本案凶手肢解尸体的手法比较专业，警方将目标集中在医生和屠夫两类人身上，就此，当屠夫的滕兴善进入了警方的视线，1989年1月28日上午，滕兴善在麻阳被执行枪决，此后，"死者"石小荣从山东回到了贵州老家。在本案中，警方之所以锁定滕兴善，是从案件的碎尸手法中推断出来的，但是这个推断其实是高度不确定的。类似的案件还有江西"叶烈炎'爆炸'案"，当地发生爆炸案，叶烈炎因为"懂得使用爆炸物的技能"而成为犯罪嫌疑人。① 还有不少案子因为案发现场，门窗没有毁损，而被警方认定为熟人作案，并据此来锁定某个熟人为犯罪嫌疑人的情况，安徽"于英生'杀妻'案"、河南信阳潢川县"张从明'抢劫杀人'案"都属于此种类型。除此之外，被案件情节锁定的还有，河南驻马店新蔡县"张保银'强奸'案"，张保银因身上、手上正好有伤而被怀疑为犯罪嫌疑人；河南"胥敬祥'抢劫'案"，胥敬祥因身穿与被害人同款毛衣而被怀疑；安徽亳州"赵新建'杀人'案"，赵新建因凶案现场有其衣物、拖鞋等而被锁定；福建"叶求生'杀人'案"，叶求生因死者衣袋里纸条有其呼机号码而被锁定。在笔者研究的61件刑事错案中，这类案件共有8件，约占13%。详见表6-8。

---

① 杨武、张荣：《叶烈炎爆炸案疑点重重，二审法院宣告无罪》，载江西法院网：http://jxfy.chinacourt.org/public/detail.php? id=347，最后访问日期：2016年9月10日。

表 6－8　刑事错案中的锚定性偏差

序号	被告人	案发地	案发时间	涉嫌罪名	法院判决	羁押或服刑时间	平反原因	是否刑讯逼供	锁定主因	认知偏差类型
1	张保银	河南省	1982年	强奸罪	有期徒刑10年	1982年7月29日至1989年1月2日	事实不清、证据不足	√	张保银身上、手上正好有伤	锚定性偏差
2	滕兴善	湖南省	1987年	故意杀人罪	死刑	1987年12月6日至1989年1月28日	被害人石小荣现身，2006年1月18日被宣告无罪	√	肢解尸体的手法比较专业，而滕兴善是屠夫	
3	胥敬祥	河南省	1991年	抢劫罪、盗窃罪	有期徒刑16年	1992年4月13日至2005年3月15日	事实不清、证据不足	√	胥敬祥地摊买到他人同款被抢毛衣	
4	叶求生	福建省	1994年	抢劫罪	死刑	1994年3月14日至2002年7月25日	事实不清、证据不足	√	死者衣袋纸条有叶求生呼机号码	

续表

序号	被告人	案发地	案发时间	涉嫌罪名	法院判决	羁押或服刑时间	平反原因	是否刑讯逼供	锁定主因	认知偏差类型
5	于英生	安徽省	1996年	故意杀人罪	无期徒刑	1996年12月至2013年8月13日	事实不清、证据不足宣告无罪，后真凶武钦元出现	√	门窗未损坏，推断是熟人作案	
6	张从明	河南省	1997年	抢劫、故意杀人	死刑、死缓、有期徒刑15年	1997年3月12日至2002年11月28日	证据不足	√	门窗未损坏，推断是熟人作案	
7	赵新建	安徽省	1998年	故意杀人	死缓	1998年8月至2006年6月23日	真凶李某某供认	√	凶案现场有赵新建衣物、拖鞋等	
8	叶烈炎	江西省	2002年	爆炸罪	有期徒刑13年	2002年9月至2005年4月	证据不足	√	叶烈炎有使用爆炸物的技能	

4.因为嫌疑人行为反常而被锚定

某些犯罪嫌疑人之所以被锁定,是因为他们在案发前后的一些反常行为引起了警方注意,从心理学的角度来说,就是这些反常行为提供的信息锚定了警方视线,最终引发了警方误判。比如在河南周口“张绍友‘强奸杀人’案”中,医生张琳被奸杀,有两个人有重大嫌疑,一个是混混因为没有作案时间而被排除,另一个是真凶胡小刚在事发当晚来找张琳看过病,但是有人证明胡小刚很快离开了。就在警方侦查陷入僵局时,一个民警发现张琳的叔叔张绍友站在窗外偷听警方办案,张绍友因为这种反常行为就此被警方锁定,并经历了8年牢狱之灾。除此之外,此类案件还有河南“王玉虎‘强奸杀人’案”,本案案情发生后,警方在排查时,王玉虎母亲请人写了他当天外出走亲戚的假证明,这一反常行为引起了警方怀疑;贵州“张光祥‘杀人’案”,织金县居民许晋在其私人诊所中被人杀害,案件侦查4年没有进展,后来警方发现,许晋葬礼时张光祥未到现场吃酒,据此认定张光祥有作案嫌疑,而实际上,张光祥没有出席葬礼,只是因为他无钱交纳礼金而已。此类案件,详见表6－9。

表 6－9　刑事错案中的锚定性偏差

序号	被告人	案发地	案发时间	涉嫌罪名	法院判决	羁押或服刑时间	平反原因	是否刑讯逼供	锁定主因	认知偏差类型
1	王玉虎	河南省	1989年	故意杀人罪、强奸罪	死缓	1989年8月至1996年7月	DNA鉴定死者体内的精斑并非王玉虎所留，证据不足	√	王玉虎母亲请人写了他当天外出走亲戚的假证明，行为反常	锚定性偏差
2	张光祥	贵州省	1999年	抢劫罪	死缓、有期徒刑15年	2003年11月1日至2014年4月29日	证据不足	√	张光祥未参加许晋葬礼，行为反常	
3	张绍友	河南省	2000年	故意杀人罪、强奸罪	死缓	2000年1月至2008年5月22日	真凶胡小刚供认	√	张绍友站在窗外偷听警方办案，行为反常	

至此,我们分析了61件刑事错案中的认知偏差情况,主要有代表性偏差、易得性偏差、锚定性偏差,这三大类偏差情形分布情况请见表6-10。

表6-10　61件刑事错案中的认知偏差统计

	认知偏差类型			合计
	代表性偏差	易得性偏差	锚定性偏差	
案件数量	8件	31件	29件	68件,因有7个案件①同时存在两种偏差,实际案件数量61件
占比	11%	51%	48%	110%,因7个案件同时存在两种偏差,重复计算了百分比

第三节　导致刑讯逼供的认知心理

在法律事实的认定过程中,除了第三步"想象故事"之外,最关键的便是第五步"证实(伪)故事"了,在刑事错案中,普遍采用了刑讯逼供作为证实(伪)的手段,就笔者分析的61个刑事错案而言,刑讯逼供几乎无所不在,②许多错案中的刑讯手段令人感到触目惊心,比如黑龙江"宋德文'杀人'案",根据宋德文自述,警方曾经对他"进行了三天三夜惨无人道的突审",其间对他灌芥末油、蘸辣椒水,塑料袋套头憋得他七窍流血,

① 这7个案件是河北曲周县"徐计彬'强奸'案"、武汉"吴鹤声'杀人'案"、甘肃"杨黎明、杨文礼、张文静'抢劫杀人'案"、黑龙江"杨云忠'杀人'案"、云南"杜培武'杀人'案"、江西"叶烈炎'爆炸'案"、四川内江"戴传玉'杀人'案"。

② 更令人感到不安的是,不仅在已经纠正的刑事错案中存在普遍的刑讯逼供,而且,笔者怀疑,在那些还没有被发现的错案中,甚至在一些被认为正确的案件中,都还隐藏着一定的刑讯逼供现象。

又给他“上大挂，两个手腕子上的肉被手铐子刮开，直到骨头”。[①] 河南商丘“杨波涛‘杀人’案”，杨波涛自述他“十几个昼夜不能睡觉，被拳打脚踢、强灌屎尿、揉捏睾丸，胡须、腋毛和阴毛全被拔光”。[②]

值得庆幸的是，对于刑讯逼供问题，学界有着较为清醒地认识，不少学者都众口一词地指出，刑讯逼供是导致错案的首要原因或决定性原因，“刑讯逼供是造成冤假错案的决定性因素。”[③]然而，光是指出刑讯逼供的存在是不足够的，我们必须仔细地追问，为什么在具有无罪推定、疑罪从无、错案追究制等防火墙的制度前提下，仍然存在如此大规模地刑讯逼供现象？对此，光是指出无罪推定、疑罪从无等原则没有得到足够的重视也是不够的，我们要追问的恰恰是它们为什么没有得到足够的重视。对于我们心头的这些疑惑，或许下面的认知心理学分析能够提供一些解答的线索，正如有学者所说的：“将‘有罪推定’观念当成错案成因的观点就只看到了事物的表象，其实该观念的背后是……‘心理偏差’的影响。”[④]

（一）过度自信理论的解释

刑讯逼供可以被看作警方对自己心理学故事的一种证实手段，采纳如此激烈的刑讯手段，说明警方对自己的故事很有信心。从“事后诸葛亮”的角度来看，我们不禁怀疑警方为何会对自己的心理学故事抱有如此不切实际的信心？在此，也许卡尼曼等人发展的过度自信理论（overconfidence theory）可以在一定程度上解释为什么刑侦机关会如此缺乏反思精神，对自己的认知错误视而不见，反而信心百倍。卡尼曼认为，人的认知系统由系统一和系统二构成，前者是直觉系统，自动化运行，喜欢捷径式思考；后者是理性系统，比较懒惰，不喜欢被激活。系统

---

① 庄铁岩：《“杀人犯”获国家赔偿，“活死人”再讨说法》，载安徽律师网：http://www.ahlawyer.com.cn/c.aspx?id=39344，最后访问日期：2016年9月10日。

② 孙旭阳：《羁押十年归来》，载《海南人大》2014年第3期。

③ 蔡嘉源、徐武、唐福乐：《刑事冤假错案防范与纠正机制构建研究——以平反昭雪的冤假错案为例》，载《东南学术》2015年第2期。

④ 黄士元：《刑事错案形成的心理原因》，载《法学研究》2014年第3期。

一喜欢匆忙下结论，往往基于手边可见的一些单薄零散的证据，就编造合理的故事，而系统二也对此监控不充分。人类往往盲目相信系统一编造的故事，并且“故事越合理，自信心越高”。在此过程中，“证据的数量和品质其实起不了什么作用，因为很少的证据也能编出很好的故事。”① 所谓过度自信，就是认为自己知识的准确性比事实中的程度更高的一种信念，即对自己的信息赋予的权重大于事实上的权重。②

在我们所分析的刑事错案中，侦查机关大多是根据一些只鳞片爪的线索，而构造一个看似合理的心理学故事，但是侦查机关却对这些故事抱有充分的信心，这正是过度自信现象的一种表现。这种过度自信现象解释了为什么侦查机关几乎完全无视无罪推定、疑罪从无等原则，因为正是系统一的直觉认识使他们过度自信，认为自己已然发现了案件的真相。在过度自信的心理效应下，办案人员相信他掌握的是确凿的事实真相，因此，并不存在什么“无罪”或“疑罪”的情况。既然案件真相已然在握，接下来自然就是怎么证实它了，刑讯逼供随之登场，也就顺理成章了。另外，在办案人员看来，既然他们有意无意构造的心理学故事是真实的，那么，刑讯逼供只是一种求证的手段，一旦犯罪嫌疑人负隅顽抗，不肯招供，他们很少会去反思自己的心理学故事本身的真实性，他们总是倾向于认为，犯罪分子肯定不会轻易地证实他们的猜测，因为那样他们会遭受刑罚之苦，所以，一方面，犯罪嫌疑人不会轻易招供，另一方面，自己的故事就是事实真相，那么，在这两个前提假设之下，很容易出现刑讯逼供的升级现象。这就是为什么我们所研究的刑事错案中有许多刑讯手段令人发指的原因。

笔者认为，过度自信的心理现象可以解释：首先，为什么无罪推定、

① ［美］卡尼曼：《快思慢想》，洪兰译，天下远见出版股份有限公司 2012 年版，第 277 页。

② 参见王晋忠、张志毅：《过度自信理论文献综述》，载《经济学家》2013 年第 3 期。

疑罪从无等原则会不起作用,因为过度自信的心理效应已使办案人员确信案件事实已然在握;其次,为什么选择刑讯逼供?因为相信自己的想象性故事是真实的,所以不害怕选择刑讯逼供来证实该故事;最后,为什么刑讯逼供会不断升级?因为在警方看来,嫌疑人不招供,并不代表故事真实性有问题,他们只是害怕随之而来的制裁,所以,为了得到真相,就必须升级刑讯。

(二)展望理论的解释

对于刑讯逼供的原因,学界有一种较为一致的看法,那就是命案必破的政治压力被认为是导致刑讯逼供的首要推手,"非科学的侦破政绩观是导致刑侦人员刑讯逼供的关键。"①

我认为这一论断是完全正确的,但是这一论断并不像许多学者所想象的那样不言自明,因为还有许多因素在制约着刑讯逼供的使用,比如无罪推定、疑罪从无等原则及错案责任追究制等制度因素,因此,对于破案业绩的追求导致刑讯逼供这一命题,还需细致的分析和证明,只有通过细致的分析和证明,我们才能知道,类似于十八届四中全会审议通过的"办案质量终身负责制"和"错案责任倒查问责制"究竟可不可能抑制住刑讯逼供的势头。

在此,我认为最能洞察其中关键的分析工具就是卡尼曼和特维斯基于1979年基于认知心理学提出的展望理论(prospect theory)。展望理论的核心的是这样两条定律:(1)人们对损失和获得的敏感程度是不同的,从心理层面来说,损失的痛苦要远远大于获得的快乐。比如:你被邀请去参加一个抛硬币的赌局。假如是反面,你输100元;假如是正面,你赢150元。这个赌局吸引你吗?你会接受吗?② 这个赌局赢钱的机会要大

---

① 蔡嘉源、徐武、唐福乐:《刑事冤假错案防范与纠正机制构建研究——以平反昭雪的冤假错案为例》,载《东南学术》2015年第2期。

② 参见[美]卡尼曼:《快思慢想》,洪兰译,天下远见出版股份有限公司2012年版,第369~370页。

于输钱的机会,但是大部分仍然不喜欢,原因就在于,人们害怕失去更甚于喜欢获得。“对大部分人来说,失去 100 元的恐惧大于赢 150 元的希望”,失比得给人的感觉强力得多。正因如此,我们最基本的一项行为规则就是“损失规避”(loss aversion),卡尼曼认为,人们对得失的不对称感觉是演化的结果,因为从生物进化史来看,优先处理威胁的物种会比较有机会看到第二天的太阳,比较有机会繁殖,把自己的基因传递下去。① (2)由于人们对价值的主观敏感度是递减的,所以人们在面临获得时,往往小心翼翼,不愿冒风险,而在面对损失时,由于痛恨确定的损失,因此都愿意冒险赌一把。比如:问题一:确定拿到 900 元,或有 90% 的机会赢得 1000 元。你会选哪一个? 问题二:确定失去 900 元,或有 90% 的机会失去 1000 元。你会选哪一个?② 问题一绝大多数人会选确定拿到 900 元,因为得到 900 元的主观价值比 90% 的机会赢得 1000 元高。问题二绝大多数人会选择赌一把,因为确定失去 900 元的负价值大于 90% 的机会失去 1000 元的负价值。

就刑事案件的侦破而言,一般来说,破案会带来一定的嘉奖,甚至是升迁的机会,尤其是在侦破重大案件的情况下,嘉奖或升迁的概率就更大了,所以,破案可以带来一定概率的收益(我们设定这个概率是 X)。而破不了案,在正常情况下或在理想情况下,也许会面临一些道德压力或舆论压力,但是并不会遭致确定的惩罚,尤其是因为缺乏线索而破不了案的情况,更不会带来现实的损失。同样在正常的制度语境下,如果采取刑讯逼供的方式获得口供来破案的话,办案人员应该知道,这会有很大的概率会被追究责任,所以,采取刑讯逼供的方式获得口供来破案,会带来较大概率的损失(为了与收益的概率保持一致,我们同样设定为

---

① [美]卡尼曼:《快思慢想》,洪兰译,台湾,天下远见出版股份有限公司 2012 年版,第 368 页。

② [美]卡尼曼:《快思慢想》,洪兰译,台湾,天下远见出版股份有限公司 2012 年版,第 365 页。

X)。所以,在正常制度语境中,侦察机关面临的是这样的抉择:

采用合法手段破案,你将有X的概率在未来获得升迁;采用合法手段破不了案,你会面临道德压力,但是不会有现实的损失;采用非法手段(刑讯逼供)破案,你有X的概率被解除公职,并被追究法律责任。你选哪一个?

在这个问题中,合法破案带来的收益与非法破案带来的损失差不多是对等的,根据展望理论的损失大于获得的定律(1),绝大多数人宁愿破不了案,宁愿放弃升迁的机会,也会选择不进行刑讯逼供。

然而,这是正常的制度语境,但是在我国目前的制度语境中,一个变量改变了一切,那就是命案必破的破案绩效要求。对案件侦办人员来说,在我国的政治压力型体制下,①这一侦破绩效要求就意味着如果他们完不成这样的绩效,就将遭到确定的惩罚,比如扣发奖金或津贴,甚至会被考核为不合格,更不要说失去宝贵的升迁机会了,也就是说,他们将面临的不仅仅只是一种道德压力,而是确定无疑的现实损失。在这种情况下,侦察机关面临的是这样的选择:

采用合法手段破案,你将有X的概率在未来获得升迁;采用合法手段破不了案,你会被扣发奖金、津贴,甚至考核不合格,失去升迁的机会;采用非法手段(刑讯逼供)破案,你有X的概率被解除公职,并被追究法律责任。你选哪一个?

根据展望理论的定律(2),确定的损失会比不确定的损失可怕得多,在此情况下,刑侦机关会选择冒险进行刑讯逼供。

是故,展望理论很好地解释了为什么在存在命案必破的破案绩效要

---

①　正是在这一体制背景下,一些地方提出了命案必破的绩效要求,比如河南省就号称2010年命案侦破率达到97.57%,命案综合侦破成绩连续7年位居全国第一。参见李亚楠:《2010年河南命案侦破率达97.57%,连续7年居全国第一》,载新华网:http://news.xinhuanet.com/legal/2011-01/20/c_121005837.htm,最后访问日期:2016年9月10日。

求的情况下，会存在如此大规模的刑讯逼供。这也就是为什么许多学者正确地将命案必破的破案绩效要求看作刑事错案的重要成因的缘故了。同时，展望理论也附带说明了为什么无罪推定、疑罪从无等原则会被视若无睹，因为违反无罪推定、疑罪从无等原则所导致的损失只有一个较小的概率会发生，它在确定的损失面前根本就不重要，在某种意义上说，办案人员忽视它们是“理性的”。

展望理论不仅可以较好地解释为什么在命案必破的背景下侦查机关会普遍采用刑讯逼供手法，而且，更为重要的是，展望理论还可以较好地解释刑讯逼供另一项特质，即一旦侦查机关采纳了刑讯逼供，那就一定只能“证实”犯罪故事，而很难证伪它了。这是因为，一旦侦查机关对嫌疑人进行了刑讯逼供，如果最终犯罪故事又被证伪的话，那就是严重的违法行为，很可能遭到被刑讯人的控诉举报，带来比较确定的损失；而如果刑讯逼供，但是证实了犯罪故事的话，虽然刑讯其实仍然是违法行为，但是此时被刑讯人的控诉举报往往被视为是一种意图脱罪的行为，刑讯事实往往得不到相关机关和人员的足够重视，也就是说，刑讯不仅得不到证实，办案人员反而可能因为破案而立功，获得一定的收益。所以，基于损失大于收益的定律，办案人员一定会全力证实犯罪故事，而不是证伪犯罪故事。这就是为什么在一些案件中，办案人员其实自己都已经意识到搞错对象了，但是还是咬紧牙关、硬着头皮“证实”了“犯罪故事”。

（三）沉没成本效应的解释

如同展望理论所展示的那样，正是因为损失对人们心理造成的影响比收益更大，所以，人们会千方百计地规避损失。对损失的反感还导致了所谓的沉没成本效应（sunk cost effects）。[①] 沉没成本效应指的是，由于前期的成本投入，给决策者带来了巨大的心理负担，他为了使成本能

---

① ［美］巴里·施瓦茨：《选择的悖论：用心理学解读人的经济行为》，梁嘉歆、黄子威、彭珊怡译，浙江人民出版社2013年版，第62页。

够物有所值,而做出非理性决策的现象。

沉没成本效应在刑事错案中有非常明显的反映。只不过,这里的成本,不仅要被理解为包括金钱成本或办案费用,以及办案人员、机构的时间、精力成本,更要被认为包括因为锁定某个犯罪嫌疑人而放弃了侦查其他可能的犯罪嫌疑人而导致的机会成本(opportunity costs,机会成本意味着选择做一件事就意味着放弃做有冲突的其他事的机会,如比尔·盖茨选择创立微软就意味着放弃了从哈佛大学毕业的机会,反之亦然)。很显然,当侦查机关根据心理学故事锁定一个犯罪嫌疑人进行侦查时,办案成本就已经在支出了,随着侦查的深入,各项成本也随之攀升。而在已经支付了高额成本的情况下,办案机关选择进行刑讯逼供是不难理解的,因为根据沉没成本效应,办案机关如果不选择刑讯逼供打开侦查缺口,就意味着前期的所有投入都白费了,这从感情上是难以接受的,沉没成本效应会驱使办案机关证实前期所发现的故事,在缺乏其他办法的情况下,他们合理的选择就是采取刑讯来逼供,而一旦进行了初步刑讯,如果回头就意味着更大的成本付出(想想可能遭遇的投诉和随之而来的处罚),此时,不断升级刑讯几乎成为唯一的选择,正所谓"开弓没有回头箭"。

陈永生先生的研究证实了这一效应,他在《我国刑事误判问题透视——以20起震惊全国的刑事冤案为样本的分析》一文中指出,"对公安司法机关办案经费投入不足是导致误判(笔者认为,这里说错案更准确一点)的经济根源,"并据此解释了为什么很多错案简单从犯罪嫌疑人与被害人的某种关系出发进行侦查(这样入手简单,成本低),为什么错案多发生在司法经费较为紧张的中国东北与中部地区,而错案的被告人大多位于中国社会结构的中下层(因此不能为办案机关提供经费支持)。[①] 根据沉没成本效应,越是司法经费不足的地方,成本越显得

---

① 陈永生:《我国刑事误判问题透视——以20起震惊全国的刑事冤案为样本的分析》,载《中国法学》2007年第3期。

高昂，就越是要通过刑讯逼供来证实办案机关最初的怀疑与猜想。不过，陈先生分析的一个缺陷是，他对成本的考量过于简单了，只注意到了经济成本，而没有注意到其他成本，尤其是机会成本，实际上，不管是在办案经费紧张的地方，还是在办案经费充裕的地方，机会成本都是一样存在的，并且代价一样巨大。

值得注意的是，沉没成本效应在心理学上与后悔（regret）也联系在了一起，从某种意义上说，沉没成本效应更多的是受到规避后悔的驱使，而不是规避损失。如果侦查机关付出了努力，却没有成果，甚至更糟的是，带来了负面效应，那就会跌入后悔的深渊，侦查机关为了免遭后悔的折磨，选择积极地去证实心理学故事是不难理解的。

第四节　结语

正如既有的分析所揭示的那样，导致刑事错案的原因是多元的，既有直接原因，也有间接原因；既有外在的原因，也有内在的原因；既有表面原因，也有深层原因；既有制度方面的原因，也有心理方面的原因。我们无意否定这些原因的复合作用，事实上，本章从认知心理学的角度还多多少少对这些原因的复合作用作了一定说明，比如对无罪推定因何不起作用、侦破绩效要求为何会更容易导致刑讯逼供等作出了说明，这也是心理学分析的优势所在，因为毕竟其他因素的作用力可能最后都会在办案人员的心理层面反映出来。

我们的分析与其他类似的心理学分析也不矛盾，而是相互补充的。比如黄士元在《刑事错案形成的心理原因》一文中指出，刑事错案的心理学成因之一，是要归结为“隧道视野”（tunnel vision）、“证实偏差”（confirmation bias）、“信念坚持”（belief perseverance，belief persistence）和

“重申效应”(reiteration effect)等心理偏差,①这一分析与本章内容正好相互印证,因为从“后见之明”的角度来看,办案人员之所以视野狭窄(所谓“隧道视野”)并且一意孤行(所谓“证实偏差”“信念坚持”“重申效应”),正是因为我们所分析的三种认知偏差是自动发生的,人脑一般不会有意识地去检查、监控,先入为主,视角就难免受限,再加上“过度自信”的心理效应,自然就会一意孤行了;黄文分析的其他心理效应,尤其是“正当理由腐败”(noble cause corruption)、“情感附着”(emotional attachment)、“动机偏差”(motivational bias)和“目标追逐”(goal pursuit)等对刑事错案的影响,②着重提出了办案人员的动机问题,亦即在高尚动机的鼓舞下容易采取不正当手段,则为本章分析所不及,但是我们亦从另外角度观察了刑事错案中的刑讯问题,可以相互补充。

卡尼曼把人的认知系统分为直觉系统(系统一)和理性思考系统(系统二),这也是我们分析的一个出发点,但是由于人脑的复杂性,对这两大系统我们其实所知有限,目前我们只知道系统一是自动化运作,不受监控,容易在大脑中形成“沉默的命令”,从而支配人的行动;而系统二要运作,必须耗费大量能量,所以一般情况下都选择休息(想想为什么叫小孩子思考很深的问题,他会变得很不耐烦,因为系统二运作消耗太大,所以给人很累的感觉;或者想想我们饥饿疲惫的时候,是不是更容易发怒,因为控制怒气需要能量调动系统二,而饥饿疲惫时能量又不够),但是对于如何更有效激活、调动系统二,我们目前还缺乏更深的了解,这是有待于进一步研究的地方。

---

① 黄士元:《刑事错案形成的心理原因》,载《法学研究》2014 年第 3 期。

② 黄士元:《刑事错案形成的心理原因》,载《法学研究》2014 年第 3 期。

第七章　公众关注案件中的刻板印象与司法决策

刻板印象(stereotype)是对特定人群的一种固定的看法,在现实中生活中广泛存在。这种心理效应之所以引发学界关注,是因为它本质上是针对特定人群的一种“成见”“偏见”,甚至是“歧视”,可能会引发严重的社会问题,尤其是可能对民主社会的基本价值——平等、公正等——构成严重的挑战。

司法领域恰恰是非常强调平等、公正的领域,在过去的数十年间,已有一些研究注意到了某些特定社会群体常常遭受歧视,而且这种歧视也被带入了针对他们的司法审判当中,①特别是,当诉讼的被告是某一特定群体的一员,而他又被指控犯有与他

① See Bernard, J. L., "Interaction Between the Race of the Defendant and That of the Jurors in Determining Verdicts", *Law and Psychology Review* 5, 1979, pp. 103 - 111; Duncan, B. L., "Differential Social Perception and Attribution of Inter-Group Violence: Testing the Lower Limits of Stereotyping of Blacks",

的群体特性正相关的犯罪时，他更容易受到别人对他刻板印象的影响，①比如说，人们认为一些南美洲和中美洲的种族特别具有攻击性，而当这一种族的人涉嫌犯罪时，这一刻板印象就会导致陪审团高估他们犯罪的概率。许多研究表明，针对有色人种的刻板印象会导致对有关犯罪嫌疑人作"有罪推定"和高估其犯罪概率；②也有学者研究了性别刻板印

Journal of Personality and Social Psychology 34, 1976, pp. 590 – 598; Johnson, J. D., Whitestone, E., Jackson, L. A, & Gatto, L., "Justice Is Still Not Colorblind: Differential Racial Effects of Exposure to Inadmissible Evidence", *Personality and Social Psychology Bulletin* 21, 1995, pp. 893 – 898; Lafree, G., "Official Reactions to Hispanic Defendants in the Southwest", *Journal of Research in Crime and Delinquency* 22, 1985, pp. 213 – 237; Lipton, J. P., "Racism in the Jury Box: The Hispanic Defendant", *Hispanic Journal of Behavioral Sciences* 5, 1983, pp. 215 – 290; Nickerson, S., Mayo, C., & Smith, A., *Racism in the Courtroom, In J. F. Dovidio & S. L. Gaertner (Eds.), Prejudice, Discrimination, and Racism*, Academic Press, 1986, pp. 255 – 278; Perez, D. A., Hosch, H. M., Ponder, B., & Trejo, G. C., "Ethnicity of Defendants and Jurors as Influences on Jury Decisions", *Journal of Applied Social Psychology* 23, 1993, pp. 1249 – 1262; Walsh, W. A., Banaji, M. R., & Greenwald, A. G., *A Failure to Eliminate Race Bias in Judgments of Criminals*, Paper presented at the annual meeting of the American Psychological Society, New York, 1995.

① See Gordon, R. A., "Attributions for Blue-collar and White-collar Crime: The Effects of Subject and Defendant Race on Simulated Juror Decisions", *Journal of Applied Social Psychology* 20, 1990, pp. 971 – 983; Gordon, R. A., Bindrim, T. A., McNicholas, M. L., & Walden, T. L., "Perceptions of Blue-collar and White-collar Crime: The Effect of Defendant Race on Simulated Juror Decisions", *Journal of Social Psychology* 128, 1988, pp. 191 – 197; Macrae, C. N., & Shepherd, J. W., "Do Criminal Stereotypes Mediate Juridic Judgments?" *British Journal of Social Psychology* 28, 1989, pp. 189 – 191; Sunnafrank, M., & Fontes, N. E., "General and Crime-related Racial Stereotypes and Their Influence on Juridic Decisions", *Cornell Journal of Social Relations* 17, 1983, pp. 1 – 15.

② See Sandra Graham and Brian S. Lowery, "Priming Unconscious Racial Stereotypes about Adolescent Offenders", *Law and Human Behavior*, Vol. 28, No. 5, 2004, pp. 483 – 504; Robert M. Entman and Kimberly A. Gross, "Race to Judgment: Stereotyping Media and Criminal Defendants", *Law and Contemporary Problems*, Vol. 71, No. 4, 2008, pp. 93 – 133; Justin D. Levinson, "Forgotten Racial Equality: Implicit Bias, Decision-Making and Misremembering", *Duke Law Journal*, Vol. 57, No. 2, 2007, pp. 345 – 424; Anna Roberts, "Reclaiming the Importance of the Defendant's Testimony: Prior Conviction Impeachment and the Fight against Implicit Stereotyping", *The University of Chicago Law Review*, Vol. 83, No. 2, 2016, pp. 835 – 891.

象对于陪审团或法官决定的影响;[①]甚至还有学者讨论了当事人年龄、外貌、前科等因素导致的刻板印象对于司法决策的影响。[②] 不过,却极少见到有对"权贵"阶层刻板印象的研究,更不必说在司法决策过程中讨论这种刻板印象了。

本章试图以部分公众关注案件为材料,分析其中存在的大众刻板印象,以及这种刻板印象对随后的司法决策的可能影响。我们首先收集、梳理了过去廿年间一些涉及"权贵"的公众关注案件;其次分析了社会大众对于涉案"权贵"的刻板印象;最后,我们在一种复杂的"司法的政治力学"的框架中讨论了刻板印象发挥作用的情况。

---

① See Diane M. Badzinski, Ann Burnett, "Nonverbal Involvement and Sex: Effects on Jury Decision Making", *Journal of Applied Communication Research* 22, 1994, pp. 309 – 321; David H. Gans, "Stereotyping and Difference: Planned Parenthood v. Casey and the Future of Sex Discrimination Law", *The Yale Law Journal*, Vol. 104, No. 7, 1995, pp. 1875 – 1906; Jane Goodman, Elizabeth F. Loftus, "Marian Miller and Edith Greene, Money, Sex, and Death: Gender Bias in Wrongful Death Damage Awards", *Law & Society Review*, Vol. 25, No. 2, Special Issue on Gender and Sociolegal Studies, 1991, pp. 263 – 286.

② See A. Daniel Yarmey and Judy Kent, "Eyewitness Identification by Elderly and Young Adults", *Law and Human Behavior*, Vol. 4, No. 4, On Eyewitness Behavior, 1980, pp. 359 – 371; C. A. Elizabeth Brimacombe (née Luus), Nyla Quinton, Natalie Nance and Lynn Garrioch, "Is Age Irrelevant? Perceptions of Young and Old Adult Eyewitnesses", *Law and Human Behavior*, Vol. 21, No. 6, 1997, pp. 619 – 634; Narina Nunez, Monica L. McCoy, Holly L. Clark, and Leigh A. Shaw, "The Testimony of Elderly Victim/Witnesses and Their Impact on Juror Decisions: The Importance of Examining Multiple Stereotypes", *Law and Human Behavior*, Vol. 23, No. 4, 1999, pp. 413 – 423; Katlyn S. Farnum and Richard L. Wiener, "Stereotype Content Model, Causal Models, and Allegations of Age Discrimination: Should the Law Change?", *Analyses of Social Issues and Public Policy*, Vol. 16, No. 1, 2016, pp. 100 – 124; Murray Levine, Ph. D., J. D., Andy Williams, Amy Sixt, and Robert Valenti, "Is it Inherently Prejudicial to Try a Juvenile as an Adult?", *Behavioral Sciences and the Law* 19, 2001, pp. 23 – 31; Carolyn Lown, "Legal Approaches to Juror Stereotyping by Physical Characteristics", *Law and Human Behavior*, Vol. 1, No. 1, 1977, pp. 87 – 100; Marsha B. Jacobson, "Effects of Victim's and Defendant's Physical Attractiveness on Subjects' Judgments in a Rape Case", *Sex Roles*, Vol. 7, No. 3, 1981, pp. 247 – 255.

第一节　方法与材料

我们所使用的材料,是一种特定类型的公众关注案件。所谓公众关注案件,是指在一段时间内成为公共话题,引发社会广泛关注和谈论的案件。这里需要指出的是,之所以使用公众关注案件这一名称,而不使用学界已有人使用过的公案、[①]热点案件、[②]甚至西方所谓"高曝光案件"(highly publicized cases)[③]的名称,主要是基于这样一种考虑:公案、热点案件、高曝光案件可能只意味着一部分专家学者所关注的案件,这些案件可能是因为学术上存在可争辩之处而被学术共同体一再谈论,但是出了这一共同体的圈子,它们在社会大众层面其实是没有关注度的。[④] 被学术共同体关注的案件与被社会大众关注的案件其意味可能是根本不同的,前者可能是因为这类案件触动了一些学术敏感点,后者则往往意味着这类案件触及了一些普遍存在的社会问题或人性问题,因而在某种

---

① 孙笑侠:《公案及其背景——司法过程中民意的法社会学透视》,载《浙江社会科学》2010年第2期;孙笑侠:《公案的民意、主题与信息对称》,载《中国法学》2010年第3期。

② 陈柏峰:《法治热点案件讨论中的传媒角色——以"药家鑫案"为例》,载《法商研究》2011年第4期;莫良元、夏锦文:《司法场域中热点案件的事实真相认定:彭宇案的法社会学解读》,载《法律科学》2012年第5期。

③ See Mykol C. Hamilton, Katherine C. McGinley, "Lies, Damn Lies, and Voir Dire: Uncovering Prospective JUror Bias in Highly Publicized Cases", *American Psychology-Law Society International Congress*, 2009; Tsega Andualem Gelaye, "State Media Coverage of Highly Publicized Criminal Cases in Ethiopia and the Fair Trial Rights of the Accused", *Ethiopian Journal of Human Rights*, Vol. II, 2014.

④ 何海波先生用了公众关注案件这个名称,笔者的用法与他稍有不同,我们所说的公众,一般情况下是不包括法律学者和公共知识分子的,就是指普通百姓,何先生的公众则包括了法律学者和公共知识分子。参见何海波:《实质法治——寻求行政判决的合法性》,法律出版社2009年版,第382~404页。

意义上更值得研究。举例而言，比如一度非常热门，至今依然被学者不时提及的“泸州二奶遗赠案”就主要只是一个学术圈关注的案件，本案在社会大众层面几乎没有泛起什么波澜。当然，也有许多案件是同时引发社会大众关注和法律专家关注的，它们也属于本章所讲的公众关注案件范畴。

一个案件之所以成为公众关注案件，主要是因为它刺激了一般公众的情感反应，引发了一般公众的广泛关注。与理性、冷静的专家学者和公共知识分子不一样，一般公众之所以对某些案件感兴趣，并不是因为这些案件中反映了某个重要的值得关注的法律问题或其他专业问题，而是因为这些案件具有某些“主题元素”，①引发了其情感反应。可以说，能不能引发公众的情感反应，是一个案件成为公众关注案件的关键所在。

一般而言，公众关注案件都具有什么样的“主题元素”，以至于可以刺激到公众的神经呢？孙笑侠从过往公众关注案件的发生史中，总结出六种类型的“主题元素”，带有此类“主题元素”的案件也比较易于成为公众关注案件，这六种类型的案件包括：(1)官民冲突案件；(2)权贵身份案件；(3)社会民生案件；(4)道德底线案件；(5)公德困境案件；(6)迷离疑难案件。② 在这些案件类型中，(6)是基于人类的好奇心而引发的，(1)、(2)、(3)、(4)、(5)均反映了当前社会所存在的一些社会问题。比如说，许霆案、彭宇案、徐玉玉案反映了老百姓生活中一些常见的陷阱，老百姓自然会感同身受；张金柱案、孙志刚案、王斌余案、邓玉娇案、胡斌飙车案、药家鑫案、李启铭交通肇事案、南京宝马车肇事案、雷洋案等都反映了“权贵”(或假想中的“权贵”)与平民之间日益突出的对立情绪。

---

① 参见孙笑侠：《公案的民意、主题与信息对称》，载《中国法学》2010年第3期；孙笑侠：《司法的政治力学——民众、媒体、为政者、当事人与司法官的关系分析》，载《中国法学》2011年第2期。

② 孙笑侠：《公案的民意、主题与信息对称》，载《中国法学》2010年第3期。

这些案件作为社会问题的反映均是值得好好研究的。本章主要研究刻板印象与司法决策，由于(1)、(2)两类案件中存在鲜明的刻板印象效应，所以，我们主要把关注的目标限制在(1)、(2)两类案件上。为此，我们梳理了近年来一些因案件当事人双方地位不对等而引发民众关注的案件，主要有表7－1所示案件。

表7－1　20年来因案件当事人双方地位不对等而引发民众关注的案件

序号	案名	案发地点	案发时间	基本案情	当事方身份	案件最终处理
1	张金柱案	河南省郑州市	1997年	张金柱酒后驾车逆行撞死一人撞伤一人	肇事者张金柱是郑州市公安局二七分局局长、郑州市高新技术产业开发区公安分局政委；受害者苏东海父子是平民	法院以交通肇事罪和故意伤害罪判处张金柱死刑
2	孙志刚案	广东省广州市	2003年	因缺少暂住证，大学生孙志刚被先后送至“三无”人员收容遣送中转站和收容人员救治站，后在救治站被殴打致死	孙志刚是平民大学生；对其盘查送收容遣送中转站的是警察，殴打孙志刚的包括救治站的护工与其他收容人员	法院以故意伤害罪判处参与殴打的乔燕琴死刑、李海婴死缓、钟辽国无期徒刑、其他9名参与殴打人员被分别判刑

续表

序号	案名	案发地点	案发时间	基本案情	当事方身份	案件最终处理
3	苏秀文案	黑龙江省哈尔滨市	2003年	女司机苏秀文交通肇事,造成一死十二伤	肇事者苏秀文是富有的宝马车主;受害者是早起卖大葱的农妇	法院以交通肇事罪判处苏秀文有期徒刑2年,缓刑3年
4	王斌余案	宁夏回族自治区石嘴山市	2005年	农民工王斌余因索要工资与工程承包方发生纠纷,造成四死一伤	王斌余是贫困农民工;被害方是工程承包方相关人员	法院以故意杀人罪判处王斌余死刑
5	崔英杰案	北京市	2006年	城管李志强依法扣押违法卖烤肠的小贩崔英杰的三轮车,双方发生争执,崔英杰杀死李志强	崔英杰是卖烤肠的小贩;被害人李志强是海淀城管大队海淀分队副分队长	法院以故意杀人罪判处崔英杰死缓
6	躲猫猫案	云南省晋宁县	2009年	李荞明在晋宁县看守所离奇死亡,看守所通报其是因“躲猫猫”与狱友发生争执头部撞墙死亡,后查实是被牢头狱霸殴打致死	李荞明是普通青年;致其死亡的是牢头狱霸和负有监管责任的看守所	法院以玩忽职守罪与虐待被监管人罪判处相关人员刑罚

续表

序号	案名	案发地点	案发时间	基本案情	当事方身份	案件最终处理
7	邓玉娇案	湖北省巴东县	2009年	政府工作人员邓贵大、黄德智等要求宾馆女服务员邓玉娇陪洗浴，遭其拒绝发生争执，邓玉娇刺死邓贵大，刺伤黄德智	邓玉娇是普通民女；邓贵大等系湖北巴东县野三关镇政府工作人员	邓玉娇被法院认为防卫过当，构成故意伤害罪，但因邓玉娇有心境障碍（双相）疾病，被免予刑事处罚
8	胡斌案	浙江省杭州市	2009年	胡斌开跑车超速撞死浙江大学学生谭卓，杭州交警召开新闻发布会，认定胡斌撞人时车速约70码	胡斌是富二代；谭卓是大学生	法院以交通肇事罪判处胡斌有期徒刑3年
9	药家鑫案	陕西省西安市	2010年	药家鑫交通肇事撞倒张妙，怕张妙纠缠，持尖刀在张妙胸、腹、背等处捅刺数刀，将张妙杀死	药家鑫是有车的“富人”，父母为退休干部；张妙是无业村民	法院以故意杀人罪判处药家鑫死刑

续表

序号	案名	案发地点	案发时间	基本案情	当事方身份	案件最终处理
10	李启铭案	河北省保定市	2010年	李启铭驾车在河北大学新区超市前发生交通事故,致一死一伤。在保卫处处长问询身份时,李启铭说:“我爸是李刚。”	肇事者李启铭是河北保定市公安局北市区分局副局长李刚的儿子;受害者是河北大学两名女生	法院以交通肇事罪判处李启铭有期徒刑6年
11	王季进案	江苏省南京市	2015年	南京市区一辆宝马牌轿车以超高速撞上一辆正常行驶的马自达轿车,致马自达车内一男一女身亡,肇事人王季进事故后逃离现场,后被抓获,但传言说他只是这场车祸的顶包者	肇事者王季进是私营业主,他被传言是车祸顶包者;被害人是普通百姓	法院以危险方式危害公共安全罪判处王季进有期徒刑11年
12	雷洋案	北京市	2016年	雷洋离家去机场迎接亲属,后被警方发现从小区附近的足疗店走出,被警察带离后离奇死亡	雷洋是普通市民,名校毕业生;另一方是北京昌平区警察	北京市丰台区人民检察院对五名涉案警务人员玩忽职守案依法作出不起诉决定,但他们被北京市公安局、中共昌平区纪委给予内部处分

续表

序号	案名	案发地点	案发时间	基本案情	当事方身份	案件最终处理
13	于欢案	山东省聊城市	2016年	母亲苏银霞被黑社会以暴力与侮辱手段催还高利贷,警方处置不力,苏银霞之子于欢冲动伤人,致一死三伤	一方是走投无路的欠债企业家苏银霞母子;另一方是放高利贷者与催债的黑社会分子	一审法院以故意伤害罪判处于欢无期徒刑;二审法院以故意伤害罪改判于欢有期徒刑5年

在这13起公众关注案件中,张金柱案、孙志刚案、崔英杰案、躲猫猫案、邓玉娇案、李启铭交通肇事案、雷洋案中双方当事人(或当事人的背景)是地位不对等的“官—民”关系;王斌余案、胡斌飙车案中双方当事人(或当事人的背景)是地位不对等的“贫—富”关系;而在公众的想象中,黑龙江宝马撞人案、药家鑫案、南京宝马车肇事案中双方当事人(或当事人的背景)兼具有“官—民”关系和“贫—富”关系,黑龙江宝马撞人案,肇事者苏秀文不仅是开宝马的富人,也被认为是黑龙江省某副省长的儿媳妇;药家鑫案中,药家鑫不仅被标签化为“富二代”,而且也被打上了“军二代”“官二代”的标签;南京宝马车肇事案中,肇事人王季进虽然只是普通的富人,但他被认为是替人顶包的“替罪羊”,真正的凶手据说背景“深不可测”。于欢案则比较复杂,让于欢案博得公众关注的主要因素可能是案情中出现的下流“辱母”情节,但是本案的流行也有一些身份对立的因素存在,并且民众对于讨债黑社会的刻板印象也功不可没。

第二节　公众关注案件中的刻板印象

所谓刻板印象，是指一种类属思维，一种认知结构，它指向这样一种认知情形：由于某一群体具有某种特性，因而认定该群体中的个人都有该种特征，进而对该群体中的个人产生固定的看法。因而，刻板印象也是群体标签所带来的心理感受和思维方式。[①] 比如，一般人看到黑人，总是下意识地认定他们受教育程度低、收入低、犯罪率高。看到一位女性，我们也会想到她具有性格温柔或软弱、好说话、注重情感等女性群体具有的特点，哪怕我们所看到的这位女性实际上性格是非常男性化的。所以，刻板印象，在某种意义上，就是我们会把某个群体的一般性特点放在该群体的个体身上的思维方式。

就我们所关注的13起公众关注案件而言，其中的刻板印象效应是非常明显的。这13起公众关注案件，其共同特征是案件当事人双方地位不对等，它们实际上可以进一步被细分为两类案件：第一类案件是官民案件，此类案件，当事人一方是官，一方是民，在中国传统社会中，公众对官员有一种刻板印象，官员享有高度的权力但也容易滥用这些权力，在传统的小说、戏剧、诗歌和老百姓日常生活接触中，官员的形象总是肥头大耳、油光满面、高高在上，他们生活优越，享有特权，对上级阿谀奉承，逢迎拍马，对百姓缺乏耐心和同情心。官场上通行的规则是搞圈子文化，拉帮结派，“暗箱操作”。新中国成立后，干部“从群众中来，到群众中去”，形象有所好转，但是要完全扭转传统官员造成的刻板印象也比

---

① See Ziva Kunda, *Social Cognition: Making Sense of People*, The MIT Press, 1999, p. 315.

较难(何况还有个别干部的行迹跟古代官员相比也不遑多让),①所以,一旦发生官民纠纷案件,一般公众对官员的刻板印象随之浮现,在这种刻板印象的效应下,公众不调查、不了解事实真相,而是想当然地认为官员是仗势欺人,要求对之进行严惩,如果中间消息或最后结果是官员轻判甚至是有理一方,公众意见就会认为是"暗箱操作"、权力交易的结果,其不平之声更大。

在李启铭交通肇事案中,这一心理效应就表现得淋漓尽致,李启铭在交通肇事后,回答问话时说"我爸是李刚"。此后,其家庭背景被人肉搜索,其父李刚被查明是保定市公安局北市区分局主管刑侦的副局长。在公众看来,"我爸是李刚"表明肇事人自认为是官二代、有特权、不怕查的心理。2010年10月18日,猫扑的一篇帖子上,是这样描述李启铭在交通肇事之后的态度的:"看把我(的)车(给)刮的!你知道我爸是谁吗?我爸是李刚!有本事你们告去!"②截至2010年10月18日傍晚,该帖点击量已达143万次。随后"我爸是李刚"被网友恶搞,有一首《江城子·我爸是李刚》写道:

公子聊发少年狂,喝美酒,会女郎。迈腾飞驰,校园任我闯。铁骑横扫两姑娘,一惨死,一重伤。屁民性命似草芥,只可惜,车刮伤。扬长而去,竟有人拦挡。莫非尔等眼无珠?我爸爸,是李刚!③

"我爸是李刚""荣获"2010网络十大流行语之一,从国内传到国外,当年11月18日,美国《国际先驱报》头版标题是《中国的苦涩笑话:我爸

---

① 党的十八大以来,我国反腐倡廉建设取得了新的进展,官员形象进一步提升。参见张杨、谢榭:《十八大以来中国共产党反腐倡廉建设的新进展》,载《湖湘论坛》2017年第6期。

② 《李刚门"你知道我爸是谁吗?我爸是李刚!"》,载360个人图书馆:http://www.360doc.com/content/10/1205/10/4289875_75156622.shtml,最后访问日期:2017年7月25日。

③ 参见《李刚门》,载搜狗百科:http://baike.sogou.com/h10226170.htm,最后访问日期:2017年7月25日。

是李刚》(China's bitter joke:"My father is Li Gang")。在这场针对官员特权的嘲讽运动中,公众对真正的事实真相反而并不关心,实际上,任何人只要为李刚开脱几句,马上就会被潮水般的攻击给淹没,整个网络公共空间只有对肇事者及其父亲的嘲讽、怒骂和要求严查的声音。

第二类案件是贫富案件,如同官民案件的情形一样,如果案件双方当事人一方富,一方贫,那么,公众对富人的刻板印象也会自动浮现。富人总是被想象为为富不仁,他们对穷人总是高高在上,不假辞色,对官员又极尽逢迎拍马、官商勾结之能事,其钱财被认为来路不正,是投机取巧、巧取豪夺、权钱交易得来的。最后,没有人再关注案件真相和法律上如何处置,事件变成了一场针对富人群体的清算运动。

在杭州发生的胡斌飙车案中,胡斌因为驾驶的是一辆三菱改装跑车,被认定为是富二代,案发后,网路上出现"富家子弟把马路当 F1 赛道,无辜路人被撞起 5 米高"帖子。引发关注后,网友对胡斌家庭进行了人肉搜索,胡斌及其父母的身份证号码、手机号码、家庭住址、其父母经营的服装店地址、胡斌母亲的政协委员身份及胡家四辆车的具体信息都被挖掘出来并公布,由于西湖交警大队在事故通报会上草率地判断事发时胡斌肇事车辆速度"每小时 70 码左右",进一步激发了富人与官员相互勾结意图脱罪的刻板印象,网络群情激愤。70 码(欺实马)更成为风行一时的网络流行语,有网友调侃杭州交警应该获得 2009 年诺贝尔物理学奖,因为以"70 码速度将人撞飞 5 米高、20 米远"的发现,已经推翻了牛顿经典力学。

在笔者列举的 13 例公众关注案件中,于欢案是颇值得一提的,表面上看,于欢案成为公众关注案件,主要是因为其案情中出现的下流"辱母"情节,但是实际上,于欢案引发社会公众关注,是有多重因素在相互强化,下流"辱母"情节刺激人的神经只是其中一个因素。另一个因素是双方的身份,苏银霞母子被塑造成举债无门、债台高筑、被人逼入绝境的孤儿寡母形象,而不是声名显赫的女企业家或挥霍无度的集资诈骗者形象,而另一方的身份更具有暗示意义,借贷给苏银霞的吴学占被描绘成贪得无厌、冷血无情的高利贷放贷人,并且报道中指出,苏银霞先后向吴学占借款135万元,但是她已"还款184万元,并将一套140平米价值70万元的房子抵债",这笔债务居然还没有了结,读到这里,想必读者头脑中那种逼得人家破人亡的夏洛克式的冷血放高利贷者的刻板印象已经呼之欲出。在我们对于放高利贷者的刻板印象中,他常常还是个黑社会或起码是豢养黑社会,没错,《南方周末》的报道中,吴学占就是被称为"吴学占涉黑团伙",他手下负责讨债的就是黑社会,其中被于欢刺死的杜志浩,人称"杜三",不仅曾经殴打自己的舅舅,还涉嫌交通肇事撞死一位14岁女学生后逃逸。至此,当事人一方"放高利贷者+黑社会"的形象已经牢不可破。而对于黑社会,在公众的刻板印象中,又是与"官府"中的某些成员勾结在一起,两者常常相互利用,狼狈为奸,使老百姓告状无门,而于欢案的一个关键情节,也是判断于欢是否构成正当防卫的关键,就是在苏银霞母子在遭受极其下作的侮辱时有目击者报案,警察到来后,不但没有解救苏银霞母子于水深火热之中,反而轻描淡写地说了一句"要账可以,但是不能动手打人"后,随即离开。① 随后,于欢情绪失控,发生刺杀事件。可以说,"放高利贷者+黑社会+与官员勾结"这样的刻板印象对本案警察的处置不当起着十分重要的暗示、连接与解释作用,所以,一经报道,民意汹涌就不奇怪了。

刻板印象是一种心灵的直觉机制,它具有自动被激活的特点,人们与一个刻板印象群体中的成员接触,或者是与任何会让我们联想到此群体的事物接触,都会自动地激活我们对该群体的刻板印象。② 比如有些研究表明,只要接触到非洲裔美国人的形象,对非洲裔美国人刻板印象

---

① 王瑞锋、李倩:《刺死辱母者》,载《南方周末》2017年3月23日。

② See Ziva Kunda, *Social Cognition: Making Sense of People*, The MIT Press, 1999, p. 318.

就会被激活并引发敌意,①其他的研究证明,对老年人、年轻人、女性的刻板印象也会自动激活,②刻板印象的自动激活无疑会带来对刻板印象群体的敌意或成见,但是令人不安的是,我们缺少有效的方法来避免刻板印象发挥作用。③

刻板印象的另一个特征,是它同时具有理性与非理性的特点。就理性方面而言,刻板印象之所以形成,实际上是生活中类似经历一再发生在大脑中造成固定印记的结果,因此,它具有一种可靠的经验基础。比如说,我们之所以觉得女性性格温柔、脾气好、注重情感、比较感性,并不是自有人类以来就是自带如此认识的,而是通过长期的生活接触、打交道来形成这种认识的,当我们具有这种认识之后,为了减轻未来的认知负担,我们就会给这个特定的群体打上"标签",以后碰到这一群体的一员,我们就会自动获得对于她的认识,这样,我们认识世界的成本就大大降低了。

刻板印象这种"贴标签"的功能虽然可能是进化过程中的一项举足轻重的能力,但是同时,刻板印象也具有非理性的特点,它也常常会出错,因为任何群体中都有一些个体往往并不具备或并不完全具备该群体的一些典型特点,当遇到这个特殊的变异的个体,刻板印象常常就会让

---

① See Fazio, R. H., Jackson, J. R., Dunton, B. C., and Williams, C. J., "Variability in Automatic Activation as an Unobtrusive Measure of Racial Attitudes: A Bona Fide Pipeline?", *Journal of Personality and Social Psychology* 69, 1995, pp. 1013 – 1027; Wittenbrink, B., Judd, C. M., and Park, B., "Evidence for Racial Prejudice at the Implicit Level and its Relationship with Questionnaire Measures", *Journal of Personality and Social Psychology* 72, 1997, pp. 262 – 274.

② See Blair, I. V., and Banaji, M. R., "Automatic and Controlled Processes in Stereotype Priming", *Journal of Personality and Social Psychology* 70, 1996, pp. 1142 – 1163; Purdue, C. W., and Gurtman, M. B., "Evidence for the Automaticity of Ageism", *Journal of Experimental Social Psychology* 26, 1990, pp. 199 – 216.

③ See Ziva Kunda, *Social Cognition: Making Sense of People*, The MIT Press, 1999, pp. 318 – 325.

我们出现误判。

就公众关注案件而言,刻板印象的非理性表现在它本质上只是一种“推测”,它对当事人和案件事实的认知不是基于调研、调查、侦查而得到的,而只是基于对一般性类属中个体特征的总结与扩展得到的,因而带有很大的推测成分,并且这种推测也不是完全心平气和的,而是带着“成见”和“偏见”的,所以,刻板印象很多时候是在曲解当事人与案件事实。

刻板印象具有非理性的一面,因而在公众关注案件中基于刻板印象而形成的公众意见常常也是非理性的。实际上,这些公众意见很少采用说理的方式来表达,很多时候表现为“充满戾气”的嘲讽、谩骂和赤裸裸的人身攻击,并伴随着各种人肉搜索、背景挖掘,各种具有被害幻想症特点的无端猜测、造谣和阴谋论。比如张金柱案发生后,《大河报》是第一个报道此案的,但是其第一时间并没有披露张金柱的身份,只是在随新闻配发的评论中推测能开、坐皇冠轿车者非比等闲,这就激发了民众的想象力,有人说肇事者是省级大官、有人说是副市长、有人说是外商、有人说是情杀、有人说是黑社会头子,有人说是公安。案发时,张金柱车上还有一位白衣人,他的身份更是引人猜测。① 这种猜测、想象和虚构几乎出现在每一个公众关注案件中,药家鑫、胡斌、苏秀文、王季进等人在网络传言中都具有高深莫测的“官方”背景,即使官方一再辟谣,甚至有铁一样的反证出现,谣言却不愿止息。

公众的刻板印象还带有强烈的情感色彩,这些刻板印象往往把达官贵人想得“黑暗”,而对普通民众却抱着极大的同情心。在许多公众关注案件中,社会公众似乎是把自己代入了“被侮辱和被损害的”②一方,他们对照着现实,颇有对影自怜的一份感伤,就像王斌余案出来后,社会大众太熟悉王斌余这样的农民工的生活了,对包工头克扣工资的伎俩也早

---

① 沉钟:《第一种危险:张金柱恶性交通肇事案真相调查》,中国电影出版社2002年版,第22~25页。

② 这里借用陀思妥耶夫斯基的小说《被侮辱和被损害的》书名。

有领教，对王斌余的经历也就多了一份感同身受，对他的激愤杀人行为抱有“同情的理解”也就不难想象，正因为这种经历与情感的代入，所以，“绝大多数同情王斌余的人，不仅仅是出于道德判断那么简单，也不仅仅是一种价值判断那么自觉，而是借‘王斌余’之酒，浇自己心中块垒。”①所以，在刻板印象的效应中，我们可以看到情感炽烈的影子。在“黑龙江宝马撞人案”中，对宝马车主——一位想象中的权贵的讨伐与对衣衫褴褛的卖菜农妇的同情正复相互强化，当时网络上流传的一首诗令人动情：

你是不是如同我的母亲/为了糊口每天起得很早，睡得很晚/泥土一样颜色的脸上/落满了愁纹和风霜？/你是不是如同我的母亲/只体验过拖拉机的颠簸/从未想过宝马车的舒适/用大脚量完了一座城市/却舍不得坐一次公交车？/你是不是如同我的母亲/数着零散的角币/替我计算着下一年的学费/一阵寒风就能把你吹个趔趄/却仍然在义无反顾地走？/你是不是如同我的母亲/最喜欢儿女灯前的闲话/放下一天的操劳/享受一个短暂的温馨/明天继续为生计奔波？/然而现在/那车大葱永远卖不出去了/柔弱的生命怎能抗得过宝马的铁躯？/你悲惨地躺到地上/草芥一样地烟消云散/你的生命正如我的母亲/你的尊严正如我的母亲/你的苦难正如我的母亲/你的死亡让我想到了母亲！/你代我的母亲/用自己低贱血肉之躯/承受了宝马的轰然一撞/淋漓的鲜血被金钱遮盖了/尊贵的杀人者依然逍遥复逍遥！/那件不遮体的单薄的棉衣/抵得住另一个世界的黑暗和寒冷吗/在人世里/我只能长歌当哭/为受苦受难的母亲/为了你！/祈祷天堂里没有宝马/不需要早起卖大葱。②

---

① 肖余恨：《舆论同情杀人犯王斌余是危险信号》，载《中国青年报》2005年9月9日。

② 参见《宝马撞人案件》，载艺术天地网：http://hua.zhshw.com/shxz014.htm，最后访问日期：2017年7月25日。

第三节 刻板印象对司法决策的影响

就以往公众关注案件中的刻板印象而言，它们有时候对法官的司法决策产生了明显可见的影响，有时候又似乎毫无影响。据此，何海波先生指出，公众意见对于司法决策是否会产生影响，主要取决于三个因素：(1)问题的性质，如果案件涉及国家政策，法院只能按照政策行事，即使公众意见相左；如果案件不涉及国家政策，则公众意见具有重要影响。(2)公众意愿的强烈程度，公众意愿的强烈程度与它对司法决策的影响力大小成正比。公众意愿的强烈程度，可以网络跟帖数量等指标来衡量。(3)不同群体——主要是专家群体与一般公众——意见的一致性，意见一致就会发生协力，对司法决策的影响力大增；意见分歧，则无法形成合力甚至相互抵销，对司法决策的影响力也就减弱。①

笔者基本同意何海波先生的看法，不过，何海波先生的上述看法主要考量的是外界意见影响力的大小，似乎这种公众意见对于司法决策的影响是由外界意见之力单方面决定的，而没有考量法官本人意见的力量，以及其他干预因素的力量，因而，还是显得不够周密，因此，必须对何先生的看法略作调整——具体而言，我们拟采取一种彻底的"司法的政治力学"②的视角，将司法决策视为是公众意见与法官意见相互角力的结果，同时，在两者角力的过程中，还有其他干扰力量存在，它们随时会"横插一杠子"，左右司法决策的结果。

公众关注案件中的司法决策首先是公众意见与法官意见角力的结

① 何海波：《实质法治——寻求行政判决的合法性》，法律出版社 2009 年版，第 399～402 页。

② 参见孙笑侠：《司法的政治力学——民众、媒体、为政者、当事人与司法官的关系分析》，载《中国法学》2011 年第 2 期。

果。基于刻板印象而形成的公众意见，虽然一定程度上欠缺说理的成分，但是它提供了一种明确的公众情感、公众情绪、公众态度和公众立场，从而对法官的司法决策产生了一种“遥控”作用。由于民意本身所具有的正当性，这种公众意见虽然只是“遥控”司法决策，但是其影响力不容低估。比如在张金柱案、孙志刚案、崔英杰案、李启铭案、邓玉娇案、于欢案、甚至药家鑫案当中，公众意见都在不同程度上发挥了作用。张金柱交通肇事却在民意的重压下以故意伤害罪被判死刑；孙志刚案导致了我国收容审查制度的废止，孙志刚家属也因民众呼声获得了数倍于正常标准的赔偿；获得了民众同情的崔英杰被法院判处死缓而不是死刑立即执行；李启铭案导致其父李刚辞职，李启铭也被重判 6 年有期徒刑；邓玉娇案中“侠女”邓玉娇被法院免予刑事处罚；于欢一审被判无期徒刑，二审在民意压力下改判 5 年有期徒刑；甚至药家鑫案中，药家鑫有自首情节，仍然被判死刑。[①] 当然，正如何海波先生所指出的，公众意见的影响力到底有多大，要视乎“公众意愿的强烈程度”。一般而言，案件引发的关注面越广，公众反响越强烈，公众意见越纯粹（没有太多杂音），公众意见的力量就越大，影响力自然也越大。[②]

另外，公众意见能否发挥作用，也要视对手——法官意见的坚定程度而定。正如前述，刻板印象具有非理性的一面，它往往一厢情愿地误读案件事实，而法官却有自己独特的渠道来了解事实，他们基于事实与法律的判断也理性的多，坚定的多。一般而言，公众无法接触到案件的第一手资料，其信息来源大多是道听途说，公众基于思维定式的刻板印象主要是建立在案件有关当事人的身份之上，其对案件具体情节的了解是靠着“想象”来完成的，因此，有时不免与真实的案情有出入（但有时

---

① 参见何海波：《实质法治——寻求行政判决的合法性》，法律出版社 2009 年版，第 397～398 页。

② 参见何海波：《实质法治——寻求行政判决的合法性》，法律出版社 2009 年版，第 400～402 页。

凭着刻板印象,案情却也逃不出他们的手掌心),所以,从这个意义上讲,一般公众与具体负责办案的侦查、司法人员是完全信息不对等的,负责办案的侦查、司法人员更了解案情,他们对案件的最终判断也就往往与公众意见不一致,这就是为什么有些案件即使办案人员冒着公众意见的狂风暴雨,也要坚持自己基于事实与法律的判断之根由。

法官常常比大众掌握着更多的案件细节和事实真相,但是有时候,法官的境遇恰恰相反,他们掌握的案件事实比大众还要少。这是由于司法本身的"克制性"特点决定的,即法官只能局限于有关当事人提交的证据和证明的事实来说话,①法官也可能对案件事实有所怀疑,作为普通人他们也有一些"想象",但是作为司法官,他们只能把自己局限于提交上来的证据和事实,他们不能随意去猜测和挖掘"背后的阴谋",法官除了受制于相关证据与事实,还要受制于法律,即使法官知道了当事人的家世、人品、性格和一些既往的劣迹,他也不能脱离法律,放纵自己的情感,草菅人命。

比如南京宝马撞人案,网络上可谓是流言四起,有人说宝马车上掉下的粉末状物品是毒品,肇事人涉嫌毒驾;有人说宝马车以约 195 公里的时速撞人,肇事车主却还毫发无损显然不可能,警方找到的肇事人王季进显然只是替罪羊;有人说该"陕 AH8N88"宝马车车主是许某某,是高官子弟。但是警方经过调查,证实粉末状物品是玉米粉;而之所以确定肇事人是王季进,是通过 DNA 鉴定确认的;而驾驶的"陕 AH8N88"宝马车登记车主之所以不是王季进,是因为该车是 2014 年年底由许某某抵债给王季进的;王季进在事发当天诸多表现不正常(语无伦次、自伤自残、打骂民警等),后经鉴定是"急性短暂性精神障碍"。

有一部分网友对警方的所有这些说法都嗤之以鼻,在他们看来,这

---

① 关于法官对事实的认定受限于证据的论述可以参见张中:《法官眼里无事实:证据裁判原则下的事实、证据与事实认定》,载《浙江工商大学学报》2017 年第 5 期。

反而坐实了他们的怀疑,但是不可否认,警方可能发现的就是事实真相,如果最终警方通报的事实都可以坐实的话,最终的判决结果就是可以被接受的。[①] 法院与一般公众意见的矛盾在于,公众可以肆无忌惮地将自己的爱恨情仇放在当事人身上,可以不了解事实,靠猜测与想象来认定事实,也可以无视法律的规定,随意地置人于死地,但是法官不行,法官必须"以事实为根据,以法律为准绳",法官不能因为一方是富二代就严惩,也不能因为一方背后疑似有官员撑腰就妄猜事实真相,法官对事实与法律的了解与熟悉,恰恰使他们可能站在公众的对立面,他们有时不得不与公众意见作斗争。在这场角力中,他们可能胜出,却背负骂名,也可能输掉比赛,与"民意"妥协。

值得注意的是,这场角力赛并不是只有公众与法官两方参加,实际上,这可能是一场"群架",因为参战的可能还有其他力量,比如说专家和官员,他们就是特别重要的参加者。所以,要更好地理解刻板印象对司法决策的"遥控"作用,我们有必要引进其他变量来观察。其中,一个变量是公众关注案件中的专家意见。[②] 事实证明,公众关注案件并不是只有一般社会大众在关注,还有法律专家同样也在关注这些案件。比如在于欢案中,在一审判决之后,二审判决未出之前,就至少有 19 位有名有姓的法律专家对本案发表了旗帜鲜明的意见,他们之中不乏中国政法大学终身教授陈光中、中国刑法学研究会会长赵秉志、北京大学法学院教

---

① 甚至在某种意义上可以说,法院的判决结果甚至有点重了,因为毕竟事发当时王季进处于"急性短暂性精神障碍"发作状态之中,这可能是法院基于"不重不足以平民愤"的考虑。

② 值得注意的是,专家意见大致可以分为两种,一种是中立的专家意见,是指专家基于自己了解的案情作出的专业判断;另一种是有些专家意见是基于当事人一方的要求而作出的,这种专家意见书相当于当事人的专家辩护词,是有立场预定的,所以其说服力与影响力都大打折扣,比如,张金柱案,在河南方圆律师事务所的邀请下,陈光中、曹子丹、梁华仁、张文、赵秉志、欧阳涛、李文燕、武延平、周振想、周其华等专家给出的意见书认定张金柱"罪不至死"。参见沉钟:《第一种危险:张金柱恶性交通肇事案真相调查》,中国电影出版社 2002 年版,第 282~285 页。

授陈瑞华、湖南师范大学法学院特聘教授邱兴隆、中国政法大学刑事司法学院教授阮齐林等著名刑法专家。另一个变量是领导干预，公众关注案件由于涉及民意、民愤等关系到社会稳定的因素，所以极易受到有关领导注意和干预。

就第一个变量——专家意见——而言，专家意见与一般社会大众的刻板印象有以下几个方面的差别：(1)专家关注案件事实重于关注身份差别。普通公众首先关注案件当事人身份的差别，当某一方当事人属于特定的社会群体时，该群体的刻板印象就会投射到该当事人身上，随后，社会大众似乎在某种程度上丧失了思考能力，仅仅凭借刻板印象就制造出一边倒的公共意见和公共舆论，而相比之下，法律专家就要冷静得多，他们会基于职业习惯把焦点放在案件的实质性事实上，他们的判断也主要基于案件事实，对于没有证据证明的猜测和想象，专家没有表现出大众那样的好奇心和一厢情愿，专家会更为谨慎地对待各种传言。(2)专家关注法律重于关注结果。社会大众对于案件的关注，除了异常关注其中可能存在的“黑幕”和“阴谋”外，就是特别关注案件的最终结果，大众基于刻板印象，认定一方是“好人”，一方是“坏人”，他们唯一能接受的结果就是好人有好结果，坏人有坏结果(坏人不仅必须受到惩罚，而且常常要超出其应承受的幅度)。如果最终结果不如人意，他们就会联想到各种“阴谋”和“黑幕”。法律专家则没有这么“爱憎分明”，专家们会基于事实，来分析哪一条法律是恰如其分的，专家们也会关注结果，但是他们更要受制于法律的条文。(3)专家意见更为理性化。正如前述，公众意见常常是情绪化的，他们的意见更像是一种积蓄已久的情感的爆发，虽然甚嚣尘上却经不起推敲，他们偏听偏信一些媒体的意见，接受了一种说法后就听不进另外的说法(特别是当另外的说法虽然合情合理，但是与他们的刻板印象并不一致时)。法律专家则不同，专家意见总是立足于事实与法律，虽然不一定排斥大众情感，但是一定会优先考虑说理，任何猜测最终必须有证据支持，任何情绪化的要求“严惩”或“法外开恩”一定要有法律依据，在法律专家那里，虽然法律不外乎人情，但是人情也不外乎法律。

正如前述，大众刻板印象具有非理性的特点，因此往往不能登上法官说理的大雅之堂，只能间接地去操控法官，但是一旦从大众意见中区分出专家意见，那么，如果专家意见与大众意见一致，就相当于用专家意见的说理补足了大众意见理性化不足的短处，此时，刻板印象对法官司法决策的影响力就是非同寻常的。

以于欢案为例，本案发酵和传播是因《南方周末》的一篇报道《刺死辱母者》，此后，各大新闻媒体、网络论坛、微信朋友圈持续关注和跟进该案，它不仅吸引了社会大众的注意，也随即吸引了法律专家的注意，除了微信朋友圈内不少法律人士对本案发表看法外，也有多名全国知名的法律学者对本案发表了看法，比如，陈光中接受财新记者采访时就表示于欢案定罪量刑明显不公，赵秉志接受财新记者采访时认为于欢防卫过当应显著减轻处罚，阮齐林在自己的微博上发表同样的意见说于欢的行为属于正当防卫过当，应当减轻或者免除处罚，邱兴隆亦在公众号上发表相同意见，认为于欢的行为属于防卫过当，应依法减轻或者免除处罚，陈瑞华借本案辱母情节对我国刑法的正当防卫理论进行了反思，他同样认为于欢构成正当防卫，李翔在法学学术前沿公号上通过对判决书教义学的分析，对一审认定的不构成正当防卫进行了质疑。除此之外，还有童之伟、周光权、陈永生、王强军、金翼翔、高长见、罗翔、吴学斌、马长生等法律专家学者都持有基本类似的看法，而徐昕则认为构成正当防卫并且没有过当之说，袁彬、李拥军则从“情理”的角度认定一审判决过重。①我们可以看到，山东省高院的二审判决几乎与这些意见书完全一致。此外，孙志刚案、崔英杰案中专家意见与公众情绪的一致也导致该案按照

① 参见《于欢案：十九位著名专家学者评论》，载 360 图书馆：http://www.360doc.com/content/17/0329/23/41271087_641261952.shtml，最后访问日期：2017 年 7 月 25 日。

既定的方向发展，孙志刚家属获得了超额的赔偿，崔英杰也成功地避免了死刑（立即执行）。[①]

如果专家意见与公众意见不一致时，此时公众刻板印象就是非理性的，因而其影响力要大打折扣，比如王斌余案，虽然公众对于王斌余的讨薪农民工身份非常同情，对想象中的老板的为富不仁不遗余力地讨伐，认为王斌余在被逼无奈时的过激行为“情有可原”，要求对王斌余从轻发落。但是法律专家对于本案的看法却要理性得多，面对四死一伤的结果，在判决之前，大多数法律专家都对死刑的可能结果表示接受，正如著名刑法学家陈兴良教授指出的，“这个案件本身从法律上说，是没有悬念的……王斌余杀死四人，又重伤一人，尽管他有种种前因后果，但是这样一种行为在法律评价上，应该说是极其严重的故意杀人……杀一个人是一个杀人罪，杀四个人就构成四个杀人罪。”[②]周光权也说，一审法官判处王斌余死刑是可以接受的。王斌余“杀死四个人与重伤一人的后果非常严重，因此，他的那些从轻情节在本案中完全可以不考虑”。[③] 还有公众知识分子甚至指出，“舆论同情杀人犯王斌余是危险信号，”[④]在这种情况下，法院一审、二审均“违背公众意见”判处了王斌余死刑。

就第二个变量——官员意见——而言，在现行体制下，它甚至发挥着比专家意见更大的影响。[⑤] 官员意见大致可以分为两种类型：一种类型是不表明对本案有关问题的倾向性立场，而只是公事公办地对本案表

---

① 何海波：《实质法治——寻求行政判决的合法性》，法律出版社2009年版，第397～398页。

② 《王斌余杀人案：底层群体罪与罚的正义之辩》，载爱思想网：http://www.aisixiang.com/data/8775.html，最后访问日期：2017年7月25日。

③ 杨涛：《该不该免王斌余一死？——法学专家回应四个焦点问题》，载《检察日报》2005年9月14日。

④ 肖余恨：《舆论同情杀人犯王斌余是危险信号》，载《中国青年报》2005年9月9日。

⑤ 侯学勇指出了相比行政机关，法院竞争力不足的问题。参见侯学勇：《司法中的主体竞争及其意义》，载《河南大学学报》2017年第1期。

示关注，或者要求“依法办事，严肃查处”之类的官方表态。这类意见因为没有表明官方或官员个人的立场，所以，它对司法机关的办案结果一般不会有倾向性的影响。比如黑龙江苏秀文“宝马撞人案”判决下达后，由于公众对于判决结果不满意，群情激愤，在黑龙江省委常委会议对此案进行了研究，确定由司法部门依法对该案进行复查，主要复查案件定性是否准确、量刑是否适度、程序是否合法、是否存在司法腐败等问题，但是并没有发表倾向性意见，本案最终未起反复，仍以交通肇事罪而不是以网民要求的故意杀人罪定罪。① 另一种类型是官方或官员个人明确表达对本案有关问题的倾向性意见，这一类型的意见对司法决策的影响几乎是决定性的。

第四节　结语

在过去的廿余年间，几乎每年都会发生一些引发轰动的公众关注案件，而这些公众关注案件中又有很大一部分是由于刻板印象而造成的。

刻板印象具有理性的一面，它以人们的生活经验为基础，是我们借以认识世界的一种“省力”方式，但是它也有非理性的一面，刻板印象通过我们大脑中的系统一以直觉的方式运作，由于我们大脑中的系统二比较懒惰，常常疏于对系统一进行监控，所以刻板印象常常能在无声无息中发挥作用，令人在无知无觉中产生了“先入为主”之见。

刻板印象作为一种大众心理，对法官的司法决策产生着“遥控”作用，但是到底作用几何，并不是由其单方面的力量来决定的。我们把公众关注案件的决策过程看作公众意见与法官意见之间的一场“角力”，

---

① 参见《哈市宝马撞人案复查结束，无证据证明故意杀人》，载手机央广网：http://www.cnr.cn/news/200403/t20040328_211806.shtml，最后访问日期：2017 年 7 月 25 日。

“角力”的结果很大程度上取决于“对决”双方的力量大小，但是也受其他因素的影响，其中，最重要的影响因素是法律专家意见和官员意见，它们可能“乱入”其中，与一方结盟，形成合力，影响司法决策。

刻板印象并不是“无药可救”的，对案件事实越是有全面深入的了解，就越不容易被刻板印象所左右，对刻板印象的心理越是了解和警惕，也就越不容易陷入刻板印象的陷阱，这是未来值得进一步研究的问题。

第八章　司法决策的后果衡量

第一节　后果衡量概述

司法决策的后果衡量，指的是在司法裁判过程中，考量裁判的后果，并根据对于后果的衡量，来选择对于法律的适当理解。如果说，古典法教义学通过处理过去的事实并借助已给定的规则来控制裁判，那么，后果取向则通过对裁判所导致之效果的期待来调控裁判。① 可以从描述的意义上和规范的意义上来理解司法决策的后果衡量。就描述的意义上来说，司法决策的后果衡量指的是在司法裁判的真实过程中，不少裁决是裁判者根据对于结果的预估，来选择某种裁判方法而得到的。从规范的意义上来说，司法决策的后果衡量，指的是司法裁判过程中，裁判者应该从后果的角度来证立其裁判方

---

① 张清波：《理性实践法律：当代德国的法之适用理论》，法律出版社2012年版，第263页。

法。如果采纳经典的将司法裁决的过程分成发现和证立两个步骤,则描述意义上的后果衡量指的是发现裁判结论中的后果衡量,而规范意义上的后果衡量指的是证立裁判结论中的后果衡量。

后果衡量在司法决策中的位置,要通过司法裁判的结构来说明。德国学者阿列克西(Robert Alexy)认为法律论证包括了内部论证和外部论证两个层面,内部论证就是建立在明确的法律与事实基础上的三段论推理,因为三段论推理以无可怀疑的逻辑来证明了结论的正确性,而外部论证则是要论证前提本身的正确性,也就是证明裁判者对于法律规则的理解和解释的正确性。① 然而,到底用什么方法来论证自己对于法律规则的理解和解释的正确性呢？阿列克西本人采取的是一种程序主义的进路,即通过理性对话的方法来加以论证,这一进路之所以是程序主义的,是因为它不预设任何实质性标准,而只诉诸于理性对话所达成的共识。② 所以,准确地说,阿列克西的论证方法只是哈贝马斯(Jürgen Habermas)对话理论在法律领域的一个具体应用。

与阿列克西程序主义的进路不同,英国学者麦考密克(Sir Donald Neil MacCormick,1941－2009)则提出了一种实质主义的进路。麦考密克以某种稍有不同的术语建构了司法裁判的模型。按照麦考密克的看法,司法裁判的核心模型是三段论推理,但是众所周知,三段论推理的进行有赖于大小前提的确定。有鉴于此,麦考密克称司法裁判过程中的三段论推理是一阶证明,而对于大前提的证明则是二阶证明。显然,除表述的差异,这种对于司法过程的理解与阿列克西并无不同。麦考密克真正不同于阿列克西的地方在于,他认为我们对于大前提的二阶证明,应该采取一种实质性标准,这就是后果主义和一致性、融贯性论证,也就是

① ［美］罗伯特·阿列克西:《法律论证理论》,舒国滢译,中国法制出版社2002年版,第274页。

② ［美］罗伯特·阿列克西:《法律论证理论》,舒国滢译,中国法制出版社2002年版,第234～256页。

说,要用后果衡量和一致性、融贯性论证的方法来证明我们对于法律的理解和解释具有可接受性。[①] 很明显,后果主义和一致性、融贯性论证相对于不预设结果的对话来说,是实质性的。

然而,说阿列克西的对话论证是程序性的,而麦考密克的后果主义论证是实质性的,并不意味着两者之间就一定是对立的,因为阿列克西所设想的参与对话的人,很有可能就是抱着后果导向思维的人。来源于哈贝马斯的对话理论虽然预设了一定的对话规则,但是并没有否定后果思维的正当性。对话规则一般来说只要求人们在参与对话时做到:(1)任何相关者均可以平等、自由地参与对话;(2)任何相关者均需要真诚地参与对话,她必须真诚地接受对方提出的合理的论证,她自己提出的论证也必须是自己真正相信的;(3)对话过程不存在任何的强迫和欺骗,观点的可接受性来自于支撑它的理由,反驳也必须立足于理由。[②] 这种对话规则虽然是十分理想化的,但是它却并没有将对话者的后果主义的考量排除在外,我们可以设想,如果后果真的构成了决定性的说服理由,那么这种对话所得到的共识性结果也必定是后果主义的,所以,阿列克西的对话论证和麦考密克的后果论证其实并不必然是矛盾的。

那么,现实中的人到底是否采取一种后果主义思维呢?答案显然是肯定的,麦考密克研究了包括苏格兰、英格兰、美国、法国等众多司法判例,他发现,在许多判决书中均可以找到一种后果主义思维或后果主义论证,比如在著名的马布里诉麦迪逊案(*Marbury v. Madison*)中,马歇尔(John Marshall,1755 - 1835)法官之所以认定《法官法》第 13 款无效,就是因为它挑战了宪法权威,而挑战宪法权威的后果是不可承受的。[③] 在

---

① [美]麦考密克:《法律推理与法律理论》,姜峰译,法律出版社 2005 年版,第 94 ~ 124 页。

② See Jurgen Habermas, *Moral Consciousness and Communicative Action*, The MIT Press, 1990, p. 89.

③ [美]麦考密克:《法律推理与法律理论》,姜峰译,法律出版社 2005 年版,第 126 页。

圣约翰航运公司诉兰克有限公司案（*St. John Shipping Corporation v. Joseph Rank Ltd.*）中，戴维林（Devlin J.）法官认为原告提出的由于被告超载触犯刑律而拒付运费的主张是不可接受的，戴维林法官的论证是一种典型的后果主义论证，他指出，如果接受这样的主张，“将注定造成惊人的后果”，因为“一个船主，即使他的船只是轻微的超载，他也将不能从托运人或收货人那收回一个子儿”，而“路上运输者的处境并不比海上运输者更好”，所以，只要看到接受这种主张的后果，就会很容易作出判决。① 在麦考密克看来，这样后果主义论证的例子在司法实践中简直俯拾皆是，事实上，麦考密克之所以提出后果主义论证的理论，正是基于对真实的法院决策的经验考察。当然，麦考密克认为后果主义论证本身也是具有正当性的，所以，他认为后果主义论证不仅事实上存在，而且理论上也应该存在，这就由经验观察过渡到规范立场上来了。

提出同样看法的并不是麦考密克一人，苏力先生同样指出了法律人与普通人共有的后果论思维，②以表达自由为例，虽然它在美国被抬高到了“权利中的权利”③的高度，但是早在 1919 年的“千客案”（Schenck）中，霍姆斯大法官就已经指出表达自由并不绝对，而是受到社会后果的制约，这表现在表达自由的边界上，任何一个言论或行动，如果会引发明显、即刻的重大伤害，那么就不在保护之列，因为这样的后果是不可接受的，实际上，表达自由之所以成为“权利中的权利”，恰恰也是因为它是其他权利的基础，对它的保护会产生积极的社会效果。苏力甚至不无夸张地指出，这种对于后果的敏感和关心，就是所谓的法律人思维，“我理解

---

① ［美］麦考密克：《法律推理与法律理论》，姜峰译，法律出版社 2005 年版，第 143～144 页。

② 苏力：《法律人思维？》，载《北大法律评论》（第 14 卷第 2 辑），北京大学出版社 2013 年版。

③ 德沃金从工具主义和本质构成的角度论证了言论自由的价值，请参见［美］罗纳德·德沃金：《自由的法：对美国宪法的道德解读》，刘丽君译，上海人民出版社 2013 年版，第 197～214 页。

了什么叫作像法律人一样思考。这个思考并非牢记法律术语，其由来，其在法律上的特定含义（尽管为考试很有必要），而是要在阅读大量法律案件中慢慢熟悉、理解和掌握法官关心什么社会后果。”①苏力先生进一步指出，法律人的这种后果主义思维其实并非独有，而是所有人都共同具有的思维特点，他因此也批评和解构了“法律人思维”这个说法。②

司法决策的后果衡量不仅可以透过内部论证和外部论证（或一阶证立和二阶证立）的司法裁判模型看出，而且可以通过发现结论和证立结论的司法裁判模型看得更明显。发现结论指的是对案件结果的预判，很多时候就是对案件的一种直觉性结论或洞见，而证立结论则是对这种直觉性预判的证立和调整。如果把司法裁判分成这样两个步骤来考察，则同样，我们在每一个步骤中均可以发现后果衡量的痕迹。首先，在对案件进行预判时，由于后果主义思维是人们根深蒂固的一种思维模式，因此，这种预判便很有可能是根据后果衡量来得出初步的结论或倾向的，因为诚如苏力先生所言，无论对专业的法律人，还是对法律的门外汉，人们天然地具有一种根据后果来理解规则、理解事实的倾向，在生活中，很多时候人们在根本不了解法律规定的情况下得出正确的裁判结论，这并不奇怪，因为他们基于后果的判断恰恰在无意中暗合了法律的宗旨。其次，在司法决策的证立阶段，人们会对他们最初的判断进行审视，并通过各种方法进行证立和调整。比如是否符合明显的规则，是否符合民意，当然，最重要的，便是是否符合后果衡量（在宽泛的意义上，规则、民意等都是后果衡量的范畴）。

因此，无论是基于内部证立和外部证立的裁判结构来考察，还是基于发现结论和证立结论的裁判结构来考察，都可以发现同样的结论，即

---

① 苏力：《法律人思维？》，载《北大法律评论》（第 14 卷第 2 辑），北京大学出版社 2013 年版。

② 苏力：《法律人思维？》，载《北大法律评论》（第 14 卷第 2 辑），北京大学出版社 2013 年版。

后果衡量是司法裁决中必不可少的,这主要是因为,后果衡量是我们思维模式中一种最主要的模式——这很有可能是在长期的进化过程所形成的。对于司法过程而言,我们本来的认识是裁判者通过界定事实、厘定法律来得出司法裁决,这是一种顺叙的叙事,但是如果我们接受后果主义思维,那么司法过程便变成一种倒叙的叙事,即司法裁判是先预定后果,再根据后果来选择对法律的理解。也就是一个倒果为因的模式,正如秦策、张镭两位论者所指出的,这种倒果为因的司法模式包含了两重逆向因果关系:(1)从判决后果到司法判决,即通过考量特定判决对当事人、社会所产生的可能后果来调适具体的判决;(2)从司法判决到法律规则,即根据具体的判决来选择相应的法律规则及其解释。①

第二节　后果与后果的计算

对于后果论而言,一直以来,最令人困惑的便是后果一词的内涵了,这里包括两个不同而又相关的问题:(1)后果包括什么内容?是以经济——效益为内容的后果?还是政治性后果?抑或是道德——文化后果?甚至是综合性后果?(2)后果指的是什么性质的后果,是指直接后果还是间接后果?是个别后果还是普遍后果?是事实后果还是影响性后果?

就第一个问题而言,由于在现实生活中,一个事件不太可能只引发一个单一后果,所以,一种单薄的后果观便难以得到支持,因为此种后果观指向的只是某种单一的后果,比如经济性后果,或者是政治性后果。相反,在现实生活中,任何一项事件都可能引发复合性的后果,比如一个案件可能既会引发经济性后果,也会引发政治性后果,甚至还包括宗教

---

① 秦策、张镭:《司法方法与法学流派》,人民出版社2011年版,第341~342页。

后果等，所以，一种复合的后果观获得了更多人的青睐。在这种复合的后果观看来，所谓的后果绝对不只是一种经济——效益意义上的后果，而是包括政治、经济、社会、文化、道德、正义、先例等一系列后果的综合性后果，麦考密克就明确地支持这种后果观，他说："后果主义论证是一个综合了各种价值的最终判断，甚至对这些价值所导致的对立结果也需要进行协调，它借助于多项标准做判断，如'正义''常识'等，它们与'公共利益'和'方便'标准同样重要。"①在后面的一本书里，麦考密克坚持了同样的复合后果观："法官常常间接提及正义，常常间接提及公共政策或社会公益、法律上的权宜之计或便利，也常常提及表面上明显不同的、作为他们适用于司法后果及争议案件中的可能裁决所导致的未来可能后果之评价标准或依据……法律评价依据多元价值展开而非依据某个单一的价值。"②阿马蒂亚·森（Amartya Kumar Sen）等人也持有大致差不多的看法。③

如果采纳这种复合的后果观，我们就可以将更多的司法决策纳入后果衡量的范畴，比如前述表达自由的例子，法院之所以将表达自由的界限定位于不会引发明显、即刻的伤害，即是对其政治、社会后果的一种考量，而不单纯是出于经济后果的考虑。再以马布里诉麦迪逊案为例，马歇尔法官担心国会立法会挑战到宪法的权威，这也是出于一种政治后果、社会后果甚至是经济后果的综合考虑。

关于第二个问题，根据麦考密克的说法，后果与结果不同，结果是由行动直接引发的结果，比如扣动扳机，就会导致射出子弹，作出判决，就会导致监禁等，而后果则超出了这种行动的自然结果，如子弹致人死亡，

① 麦考密克：《法律推理与法律理论》，姜峰译，法律出版社2005年版，第110页。

② Neil MacCormick, *Rhetoric and the Rule of Law: A Theory of Legal Reasoning*, Oxford University Press, 2005, p. 112.

③ [美]阿马蒂亚·森：《后果评价与实践理性》，应奇译，东方出版社2006年版，第400页。

监禁致人生病等。就单纯的后果而言,既有直接后果又有间接后果,前者诸如胜诉者因判决而高兴,败诉者因判决而沮丧,后者比如某人因为被判监禁而导致其离婚等,甚至包括更远的,因为离婚而导致财产分割等。麦考密克进一步指出,无论直接后果还是间接后果,都不是他所说的后果,因为这些后果还是一种针对案件当事人的特殊后果。麦考密克心目中的后果是一种一般性后果或者说是可普遍化后果,也可以说是影响性后果,这种后果的标志性特征在于,它不仅对本案适用,而且对未来的同类案件都可以适用。[①] 比如在 *Regina v. Dudley & Stephen* 案中,两名船员因为在海上没有东西吃(已经 8 天没有进食,6 天没有喝水),在濒死关头通过杀死一名船舱服务生食其血肉而生存下来,法官科尔里奇(Coleridge)认为,对这个案子进行决策的关键在于,想想将这种杀人行为合法化或非法化的可普遍化后果就一切都清楚了。显而易见的是,如果将这种杀人行为合法化,那么就等于建立了一个为救自身性命而合法杀人的规则,而这个规则有可能被用作"无约束的激情和凶残犯罪的合法外衣",后果将不堪设想。[②]

然而,综合以上两点,即使后果是一种所谓的可普遍化后果,那也是一种复合性的普遍性后果,对于这种后果,裁判官要如何作出权衡呢?或者说,裁判官要怎样才能综合权衡所有可能的后果呢?这里有两种方案,第一种方案是边沁(Jeremy Bentham,1748 – 1832)的方案,边沁将一切后果均归结为个人的快乐——比如感官之乐、财富之乐、和睦之乐、技能之乐、虔诚之乐、仁慈之乐、回忆之乐、名誉之乐、权势之乐、想象之乐、期望之乐、联系之乐、解脱之乐甚至作恶之乐等,[③]而任何决策,都应该

---

① See Neil MacCormick, "On Legal Decisions and Their Consequences: From Dewey to Dworkin", *N. Y. U. L. Rev.* 58, 1983, pp. 239 – 258.

② See Neil MacCormick, "On Legal Decisions and Their Consequences: From Dewey to Dworkin", *N. Y. U. L. Rev.* 58, 1983, p. 250.

③ [英]边沁:《道德与立法原则导论》,时殷弘译,商务印书馆 2000 年版,第 90 页。

符合最大多数人的最大快乐。至于快乐与痛苦的计算方法，边沁煞有介事地指出，应该考虑其强度、持续性、确定程度、临近程度、丰裕程度、纯度、广度等方面来确定。① 边沁的这种快乐计算法，尽管其一再宣称并非徒然无用，亦非标新立异和缺乏证据，②但到底显得荒诞不经，毕竟，这些快乐和痛苦，且不说是否包含了快乐和痛苦的所有种类，就这些快乐和痛苦因人、因事而异来说，又如何能够加以量化呢？

边沁的方案显有弊端，因此，麦考密克提出了第二种方案。麦考密克认为，为了免除法官衡量的负担，应该根据不同的部门法所体现的主要价值来权衡个案后果，即根据部门法的精神特质，来选定一种价值，再根据这个价值，来作后果衡量，看个案后果是否对该部门法价值有所损益。如此一来，就不用每次都要全盘权衡包括先例、正义、道德、公益、民意等在内的复杂后果了，法官的权衡负担也就减轻了。麦考密克注意到，“不同的法律部门专注于不同的价值或价值群，”③比如侵权责任法主要关心对个人人格和财产的尊重，合同法关心个人在负责、信任、诚实的前提下实现自身目的的自由，刑法关心作为个人安全和尊严之保障的公共秩序和安宁，信托法关心信托等，在作后果衡量时，即可以以这些价值为评判标准来进行，“使对司法后果予以检验为正当之举的那些价值，是所论法律部门使其变得相关的相关价值，”④麦考密克进一步论证说，如果你嫌这个答案太过模糊，“那么请回头想想宪政主义或对作为立国之基的成文宪法之尊重在马布里诉麦迪逊案中的重要地位，想想尊重自

---

① ［英］边沁：《道德与立法原则导论》，时殷弘译，商务印书馆2000年版，第87～88页。

② ［英］边沁：《道德与立法原则导论》，时殷弘译，商务印书馆2000年版，第89页。

③ Neil MacCormick, *Rhetoric and the Rule of Law: A Theory of Legal Reasoning*, Oxford University Press, 2005, p. 113.

④ Neil MacCormick, *Rhetoric and the Rule of Law: A Theory of Legal Reasoning*, Oxford University Press, 2005, p. 114.

由和非歧视在恐怖嫌疑分子案中的重要地位，或者尊重生命在 *Regina v. Dudley & Stephen* 案和我所引述的海难营救案中的地位，想想父母对儿童的合理照顾以及利益交换在 *Greespan v. Slate* 中的重要地位，想想家庭法和儿童案审理中关注儿童利益这一首要职责，想想医疗法和刑法对生命神圣原则赋予几近绝对之价值，想想连体双胎案中跟生命终止有关的刑法规定，"则我们可以十分强烈地感觉到基于部门法价值的后果衡量是可实行的。① 以马布里诉麦迪逊案为例，依照麦考密克的方法，我们用不着全盘权衡某种判决的政治、经济、司法后果，而只需要基于宪法的基本价值，基于"宪政主义或对作为立国之基的成文宪法之尊重"，自然就可以作出正确的判决。

第三节 后果衡量与凸显性

但是，麦考密克的方法虽然看起来很美，但却不符合实际。在现实生活中，人们既不是像边沁那样通盘考虑所有的后果类型，并对之进行精确的计算，也不总是像麦考密克所建议的那样结合部门法价值进行后果衡量，在实际生活中，很多时候，人们对后果的衡量往往只是贸然地突出其中一种后果（比如经济后果），然后对其做个模糊的权衡。比如同一个案件，同样考虑其后果，有时候先例因素突出出来，成为决定裁判结论的主要因素；有时候则是政治性因素脱颖而出，决定了结果；有时候道德性因素吸引了裁判者的主要注意力，成为主导裁决的力量。对于司法过程而言，突出因素是至关重要的，只有突出因素被锁定，才能对其进行主

---

① See Neil MacCormick, *Rhetoric and the Rule of Law: A Theory of Legal Reasoning*, Oxford University Press, 2005, p. 114.

观预估或进行社会实证的统计或调查,以确定后果的可欲性。①　可以说,在现实生活中,绝少有人是通盘考虑所有可能涉及的后果,恰当赋予权重,并精确地加以计算的,也不见得能够理性地基于部门法价值进行后果权衡。

既然如此,人们到底突出什么后果来权衡就是至关重要的了。从现实主义的视角来看,在复合性后果的诸多构成性后果中,人们之所以看重这一后果而非那一后果,是跟这一后果的凸显性②分不开的。而决定哪一些因素成为凸显性因素的,不外乎外部环境和裁判者因素两个方面。外部环境会烘托出一种凸显因素来,这是一个常识。比如,某些案件会引发民众的共鸣,③从而催生了民意,那么在这种环境中,民意因素就会凸显,成为指导、决定裁决的关键因素。我们可以看到,在许霆案中,原审判决根据法律规定认定许霆盗窃银行等金融机构数额特别巨大,判处其无期徒刑,显然,原审判决法官考量的凸显因素是法律规定本身,而在再审过程中,由于民意汹涌,再审法官根据《刑法》第 63 条第 2 款的规定"犯罪分子虽然不具有本法规定的减轻处罚情节,但是根据案件的特殊情况,经最高人民法院核准,也可以在法定刑以下判处刑罚"判决其有期徒刑 5 年,这时,法官考量的凸显性因素就变成了民意了。再如美国的例子,美国早期法院支持黑人与白人隔离但平等的理解,认为其是平等的一种形式,符合美国宪法规定的平等原则,这是由于在建国初期,黑人奴隶作为一种历史事实的存在成为凸显因素,这种因素支持

---

①　参见秦策、张镭:《司法方法与法学流派》,人民出版社 2011 年版,第 355 ~ 362 页。

②　凸显性意指引人注目的事物,它来自 2005 年诺贝尔经济学奖得主托马斯·谢林的论述,See T. Schelling, *The Strategy of Conflict*, Harvard University Press, 1980 (first edition 1960)。

③　孙笑侠认为官民冲突案件、权贵身份案件、社会民生案件、道德底线案件、公德困境案件、迷离疑难案件六类案件最容易引发民众关注,请参见孙笑侠:《公案及其背景——透视转型期司法中的民意》,载《浙江社会科学》2010 年第 3 期。

对黑人的歧视。但是到了“布朗诉教育委员会案”（*Brown v. Board of Education of Topeka*），美国社会的主流观念已经发生了变迁，随着文明的进步，支持黑人像白人一样平等的观念凸显出来，成为布朗案的决定性因素。

除了外部背景会凸显某些因素之外，裁判者的主观因素更加不可忽视。原则上，所有的因素都要经由裁判者的主观理解判断，才能成为决定性因素，而裁判者的选择、判断和决定又跟他的主观偏好不无关系。这就解释了为什么同一个时期，同一个案件，同样作后果衡量的不同法官会作出不同的判决。正是由于法官的主观偏好不同，他所“看到”的凸显性因素也就不同，裁判结果也便不同。比如在泸州遗赠案中，其实类似的案件在现实中早有发生，但是其他类似案件的法官大多按照法律规定选择按遗嘱来继承，这些法官是中规中矩的法官，他们恪守司法克制主义的信条，选择遵守法律规定，是因为在他们看来，本案的凸显性因素是法律规定本身。但是泸州遗赠案的法官显然“看到”的不是法律规定本身，对他（们）来说，本案的凸显因素是道德，因为他们认为如果将遗产判给第三者，就会对社会道德产生不良的影响，可以说，正是基于对道德后果的衡量，泸州案的法官才作出了这样的判决。[①] 但是回过头来追问为什么泸州案的法官会给予道德以特别的重要性或分量呢？这只能解释为跟法官的个人性情相关，它对法官来说是一种偏好，是内生的，是无理由的（除非我们采取一种将个人性情还原成社会环境的还原主义）。再比如在上海装修工人自杀案中，装修工人在业主准备结婚的新房中自杀，业主起诉请求精神损害赔偿。这个案子也在其他地方发生过，当地法院判决不予支持，这是一种在当时来说恰当的做法，因为诉讼的理由，房屋因自杀变成凶宅这一说法并不符合政策导向，主流的无神论观点认

---

① 唐丰鹤：《整体性的法律论证：兼论疑难案件法律方法的适用》，载《河北法学》2014 年第 1 期。

为这是迷信。但是上海的法院却判决诉讼请求可以成立，法院的理由是诉讼请求符合习惯法。显然，大致相同的案子，法院判决却不同，是因为不同的法院“看到”的东西不一样，在其他法院那里，政策因素凸显出来，而在上海法院那里，习惯因素凸显出来。对于专业的法律人而言，这些不同因素的凸显和隐藏，不是法律知识的掌握情况有所不同，而是主观偏好不同所致。

第四节　结语

无论是从经验层面来看，还是从规范层面来看，司法过程中的后果衡量都是存在的。即使如麦考密克所言，这种后果是一种普遍性后果，但是，这种后果也是一种复合性后果，包括了政治、经济、先例、道德、正义、习俗、民意等因素在内。边沁的衡量方法要求考虑所有的后果并作通盘权衡，这已超出了人的理性能力所能达到的范围，麦考密克提出按照部门法价值来权衡，也是同样不真实的。

从现实主义的角度来看，对于每一个案件而言，法院在考量后果时，会有一些因素凸显出来，成为主导或支配该判决的决定性因素，而某些因素凸显出来，既取决于客观环境的烘托，又取决于裁判者主观因素的选择性偏好。因此，司法过程中的后果衡量，归根结底，还是由法官主观因素和外部客观环境所决定的。

第九章　疑难案件中的法官协调困境

第一节　法官协调困境

同案同判是“同样情况同样对待、不同情况不同对待”（Treat like cases alike and treat different cases differently）这一形式正义原则在司法层面的基本要求。同案同判应该从两个方面来理解，一方面，它是指同样的案子定性应该保持一致；另一方面，它是指同样的情节处理上应该大致相同。对于前者，虽然缺乏经验研究的数据来量化表达，但是在生活中我们不难发现，有许多性质一样的案件在定性上却并不相同，甚至大相径庭，比如类似于民间非法吸储的案件，既有像吴英案那样定性成非法集资的，也有不作为犯罪来处理的。对于处理上的“同案异判”现象，许多学者的研究业已表明，在案情相同的情况下，我国法院的判决存在地区差异，同一地区则存在法院之间的差异，同一法院也存在个体之间的差异,有一定数量的案件在处理上要么偏重,要么偏轻,可以说,同案异判的现象也是相当明显的。①

是什么原因导致了同案异判的现象?起码有两种既有的理论可以用来解释这一点。美国的法律现实主义者认为,司法裁判的结果取决于一系列偶然因素,比如法官个人的心情、经历、偏好等,果真如此,司法决策本质上是不确定的,正如哈贝马斯所说:"如果司法裁判的结果可以通过法官的利益状况、社会背景、政治态度和人格结构来解释,抑或根据意识形态、权力格局和经济因素来说明的话,那么,司法结论的作出就不再是由内部因素决定的,也是由对程序、先例和法律根据的选择来决定的。"②而本体论解释学认为,在司法过程中,法官的"先见"或"前见"构成了法官法律解释的前提,不同的法官具有不同的教育背景、人生经验和生活态度,因此,他们之间的"先见"或"前见"也是因人而异的。这种因人而异的前理解一旦成为法官法律解释的基础,那么即使面对相同的案件,由于前理解不同,裁判结果必然也是不同的。

同案异判现象的原因其实可以通过协调博弈(coordination game)来分析,它从根本上来说是一个协调困境(coordination dilemma)。这是因为同案同判本身就是一个协调问题,它要求不同的法官必须选择相同的判决,由于这些法官之间事先并不存在沟通机制,所以他们的行为极可能出现协调问题——这就是协调博弈所导致的协调困境。

协调博弈的根本特点是存在多个纯策略纳什均衡(multiple pure strategy Nash equilibrium),③所谓协调博弈就是存在多个纯策略纳什均衡的博弈。这意味着这些博弈包括了具有下述特征的多个行为组合:在

---

① 请参见白建军:《同案同判的宪政意义及其实证研究》,载《中国法学》2003年第3期;安明:《也谈同案同判——从盗窃罪的实证分析出发》,载《黑龙江省政法管理干部学院学报》2005年第3期。

② J. Habermas, *Between Facts and Norms: Contributions to a Discourse Theory of Law and Democracy, translated by Williiam Rehg*, The MIT Press, 1996, pp. 200－201.

③ 张良桥:《协调博弈理论研究新进展》,载《经济前沿》2009年第4期。

这些组合中没有人可以通过单方面行动来改善自己的状况,从而形成一个对自己更有利的组合。因此,如果一个人能预测到其他人选择的行为在一个组合里,那么他也会选择属于同一个均衡组合里的行为。此外,只要一个人预测到其他人将坚持他们的选择,他也就不会改变自己的选择。[①] 协调博弈的参与人之间有着一致行动的信念,协调博弈中局中人并不追求个人利益的最大化,而是追求社会协作。比如在左行还是右行这个经典的协调博弈的例子中,设定的情境是在同一条路上两辆车相向而行,如果驾驶员都选择靠左或靠右行驶,则必然会发生碰撞,只有一个选择靠左,一个选择靠右,才能避免碰撞发生。我们假定,如果两辆车不发生碰撞,则 2 个驾驶员各获得 1 个支付单位;如果发生碰撞,则各获得 0 单位支付。支付矩阵可以表示如表 9－1 所示:

表 9－1　左行右行博弈

	左行	右行
左行	1,1	0,0
右行	0,0	1,1

在这个协调博弈中,存在两个纯策略纳什均衡,即(左行,左行)和(右行,右行),局中人只有选择这两个纯策略纳什均衡其中之一时,行动才是成功的。局中人无所谓自己的偏好(比如有人习惯右行或左行),他们唯一的目标便是与他人协调,协调的结果总是胜于冲突。很明显,协调博弈与囚徒困境这样的博弈是截然不同的,囚徒困境博弈追求的是个人利益的最大化,而协调博弈追求的则是集体利益最大化。按照阿马蒂亚·森的说法,协调博弈是一种信心博弈,局中人需要有相信对方也选

---

① [意]乔瓦尼·萨尔托尔:《法律推理——法律的认知路径》,汪习根等译,武汉大学出版社 2011 年版,第 288 页。

择同种策略的信心。①

在司法过程中，法官同样会产生协调困境，假设一个待决案件既可以作出A判决，也可以作出B判决，不同的法官可能基于自己的理解来选择两者中的一个，但是如果他们选择的判决不一致，那么就会给司法体系的基本正义原则——“同样情况同样对待”带来伤害，而如果他们选择的判决一致，则增进了司法体系的基本正义原则的有效性。我们假设每一个法官都想致力于增进这一司法价值而不是减损它，这样，在他们选择的判决结果一致的时候，他们会获得一种内心的愉悦和外在的赞美，我们不妨给予他们1个正的支付，如果他们选择的判决不一致，他们会产生一种失落感，我们可以将此时的支付设定为0，这样，协调博弈的结果见表9－2和表9－3：

表9－2　判决博弈

	A判决	B判决
A判决	1,1	0,0
B判决	0,0	1,1

即使两个法官对于A判决与B判决具有不同的偏好，比如你更喜欢A判决，我更喜欢B判决，这样，我的偏好顺序就是：

[B判决我，B判决你]>[A判决我，A判决你]>[B判决我，A判决你]=[A判决我，B判决你]

而你的偏好顺序则是：

[A判决我，A判决你]>[B判决我，B判决你]>[A判决我，B判决你]=[B判决我，A判决你]

由于偏好不同，博弈变成了：

① See Sen Amartya, "Isolation Assurance and the Social Rate of Discount", *Quarterly Journal of Economics*, Vol. 81, 1967. pp. 112－124.

表 9－3 判决博弈

	A 判决	B 判决
A 判决	1,2	0,0
B 判决	0,0	2,1

这仍然是一个协调博弈,①因为行动不一致是我们最不喜欢的组合,虽然我们对 A、B 判决各有偏好,但是这种偏好却要服从于行动一致这样的大前提,否则我们就不是从集体理性的角度来思考问题了,对你我来说,重要的是保证法律制度的一致性。

第二节 聚点与协调困境

解决协调困境的一个关键方法是"聚点"(focal point)策略,2005 年诺贝尔经济学奖得主托马斯·谢林(Thomas C. Schelling)在 1960 年出版的重要著作《冲突的策略》(The Strategy of Conflict)中对聚点策略进行了描述,谢林认为,聚点可以解释为协调博弈的所有局中人都认可的一些具有凸显性(property of salience)的偶然因素。当博弈行为人之间没有正式的信息交流时,他们存在于其中的"环境"往往可以提供某种暗示(clue),使他们不约而同地选择与各自的条件相称的策略(聚点),从而达到均衡。也就是说,在协调博弈的多个纳什均衡(Nash equilibrium)中(存在多个严格纳什均衡是协调博弈的根本特点),有些纳什均衡可能具有一些凸显的特征,它吸引人们去选择,从而破解协调困境。② 比如你

① [意]乔瓦尼·萨尔托尔:《法律推理——法律的认知路径》,汪习根等译,武汉大学出版社 2011 年版,第 290 页。

② See Thomas C. Schelling, *The Strategy of Conflict*, Harvard University Press, 1980 (first edition 1960).

和我身处大学校园,想要见面,但是无法相互联系,常识告诉我在两个地方我们最可能碰面:一是食堂,二是图书馆,具体去哪里我们双方都不在意,重要的是见到面,这样,协调博弈的困境就会产生如表9-4所示:

表9-4　见面博弈

	图书馆	食堂
图书馆	1,1	0,0
食堂	0,0	1,1

由于这里存在两个纯策略严格纳什均衡:(图书馆,图书馆)和(食堂,食堂),看起来我们似乎没办法选定一个合适的地点碰面,选择任何一个都可能失之交臂。但是如果我们所在的大学只有一个图书馆,而有三个食堂,那么我们可能就会不约而同地选择图书馆,因为此时图书馆的唯一性保证了它的凸显性,使它成为了我们行为的聚点。反之,如果我们所在的大学有两个图书馆,而只有一个食堂的话,我们就会选中食堂作为聚点。从这个例子可以看出,聚点就是具有显著特征的东西,它在特定的情境中呈现,并得到大家的认可,大家都据此来安排自己的行为,这样,行为就会呈现一致性。

聚点就是对所有局中人来说都具有显著特征的东西,只有凭借它我们才能走出协调博弈的困境,一个恰当的说法是将它比喻成灯塔,黑暗中的渔船会选择它作为集合点。就司法制度而言,在英美法系中先例可以成为一个聚点;在大陆法系,看起来规则是一个聚点。先例和规则之所以可以成为聚点,是因为它们对司法制度的所有参与者来说,都是具有显著特征的,这个特征就表现在它们所具有的约束力上。规则或先例具有约束力这一点使得它们相对于习惯、道德、情理等要素就凸显出来,它们也因此成为法官司法的聚点。

正是在这个意义上,拉兹(Joseph Raz)认为规则或先例是一种“排他性理由”。拉兹认为,实践推理是建立在不同的理由之上,如果判断是建立在一种道德的通盘考量之上,那么这些道德即构成了该行动的一阶理由,如果判断是建立在一种专断的高阶理由之上,该理由即构成了该行动的二阶理由。二阶理由是一种针对一阶理由的理由,它既可以积极的方式支持某个一阶理由,也可以以消极的方式来限制某个一阶理由。拉兹将消极的二阶理由称为"排他性理由"。① 在一阶理由与排他性理由发生冲突时,不是通过理由的权衡来解决,而是通过实践推理的一般原则来解决:该原则决定着与一阶理由冲突时,排他性理由总是占优势。拉兹认为,规则就是这样的排他性理由,它拥有相对于道德原则的优势地位,法官裁判的过程,是基于规则,而不是进行道德权衡。

拉兹的理论初看起来似乎有点不可思议,一种理由居然可以天然地凌驾于另一种理由之上,是谁给予二阶理由如何特殊的地位?对此,存在两个方向的辩护:一种方向主要着重指出一阶理由权衡的不可能性,这是由于:(1)自行权衡的易错性。对一阶理由自行权衡的行为人受制于能力或者所掌握的信息不足,因此容易作出错误的判断。(2)在某些情况下,一阶理由的权衡者容易受到偏见或情绪的影响,因此无法实现依据最佳理由行事的结果。(3)自行权衡是有成本的,如果行为人在每次作出行动时均需衡量自己所持的所有理由并从中找出最恰当者,那么他将支出很多时间和劳动成本,这些成本有时甚至超过了恰当行为带来的好处。② 不过,从协调博弈的角度,我们可以提出另一个方向的辩护,即规则之所以被当作一阶理由,是因为规则作为聚点,保证了法官之间协作的可能性。我们甚至不妨承认,在规则之外,也许一阶的道德理由是一个更好的理由,但是由于每个人对道德进行权衡的能力不同,所以无法保证他们会得出同样的结果,而规则的优点就在于它不需要被权衡,这样,不同的主体就能作出一个相同的判决。说到底,规则作为排他

① 陈景辉:《实践理由与法律推理》,北京大学出版社2012年版,第67页。

② 陈景辉:《实践理由与法律推理》,北京大学出版社2012年版,第69~70页。

性理由是由于规则保证了协作，并进而保证了“同样情况同样对待”的基本正义要求。

第三节　疑难案件中的聚点难题

然而，现在还不能轻易地下结论说既然规则或先例构成了司法裁判的聚点，那所有的法官据此行事就会导致同案同判的结果。这样一种看法顶多只能说是部分正确的，或者更准确地说，它在简单案件中是正确的，而在疑难案件中，情形则不是如此。这是因为，法律规则成为裁判的聚点，这一点只在简单案件中才能实现，在简单案件中，事实典型，对应的法律规则也是清楚明确的，所有训练有素的法官一旦拿到案件事实，都会毫不费力地找到对应的规则来裁判，这样，所有法官可以不经事先沟通，都能得出一致的判决结果。我们举一个简单的案例来予以说明：如果一个法律体系中有一条法律规则规定：“凡是未满 16 周岁的人是未成年人。”现在要求判断 15 岁的李四是否未成年人，那么几乎所有的法官都不会判决不一致，这是因为所有体制内的法官都会选择这样的明确规则作为裁判根据，即使这些法官相互之间并没有进行过协商，他们也会一致的根据该规则推论，也就是说，此时，规则作为法官行动的聚点自然保证了同案同判。

但是在疑难案件中，事实与规范的对应出现了问题，法官拿到案件事实，他并不能简单地找出可以适用的规则，而是必须对规则加以解释、选择，乃至续造，才可以实现规则与事实的匹配，由于对规则的解释、选择和续造是一个权衡和论证的过程，不同的法官可能会作出不同的解释、选择和续造，这样，必然导致最后的裁判结果不能相互协调。

也就是说，在疑难案件中，由于规则本身出现了问题，所以，它不再能够扮演裁判聚点的角色，疑难案件的同案同判因此也就成为问题。疑难案件的同案同判问题并非疑难案件的裁判问题，传统的疑难案件的解决方案总是着眼于从单个法官的角度提出法律方法，而没有注意到疑难案件中最大的难题其实来自于协调困境，即法官如何作出一致的判决，而不是各行其是的裁判。为了更好地说明疑难案件的同案同判难题，我们不妨结合疑难案件的具体类型，来一一加以说明。

根据张保生博士的研究，疑难案件可以分为四种类型：一是法律规则未作明确规定或规定有漏洞的疑难案件；二是由于法律规则本身的术语模糊不清或概念太抽象，造成语言解释有歧义的疑难案件；三是既可适用这种规则又可适用另一种规则，而这些可适用的法律规则之间存在相互冲突的疑难案件；四是如果直接严格适用法律规则就会导致不公正的法律后果的疑难案件。①

就第一种疑难案件而言，我们假设一个空白的规则既可以用习惯法来填补，也可以用原则来填补，那么基于空白规则的协调博弈就可以用矩阵表示如表9－5所示：

表9－5　空白规则的协调博弈

	按习惯法判决	按原则判决
按习惯法判决	1,1	0,0
按原则判决	0,0	1,1

就第二种疑难案件而言，我们假设一个模糊的规则存在两种不同的解释：解释1、解释2，那么基于模糊规则的协调博弈就可以用矩阵表示如表9－6所示：

① 张保生：《法律推理的理论与方法》，中国政法大学出版社2000年版，第449页。

表 9-6　模糊规则的协调博弈

	按解释 1 判决	按解释 2 判决
按解释 1 判决	1,1	0,0
按解释 2 判决	0,0	1,1

就第三种疑难案件而言,我们假设是在相互冲突的规则 1 和规则 2 之间来选择,那么基于冲突规则的协调博弈就可以用矩阵表示如表 9-7 所示:

表 9-7　冲突规则的协调博弈

	按规则 1 判决	按规则 2 判决
按规则 1 判决	1,1	0,0
按规则 2 判决	0,0	1,1

就第四种疑难案件而言,我们假设一个不良的规则可以用原则来废除,那么基于规则不良的协调博弈就可以用矩阵表示如表 9-8 所示:

表 9-8　不良规则的协调博弈

	按规则判决	按原则判决
按规则判决	1,1	0,0
按原则判决	0,0	1,1

我们可以看到,在这些疑难案件的协调博弈中,由于规则要么是空缺的,要么是不确定的,要么是相互冲突和内容不良的,所以,规则本身就不能作为一种聚点而得到大家的认同。而此时,无论是对空缺规则进行补缺,还是针对模糊规则进行解释,或是在冲突规则中进行选择,抑或针对不良规则进行修正,由于方法的多元并且似乎也不存在一个明确的"位阶"或先后顺序,所以无法建立一个清楚明白的聚点,作为法官裁判的灯塔,这样,司法协作就陷入了困境。

第四节 结语

在司法过程中实现同案同判是形式正义的基本要求，然而，作为一种多主体行动，司法决策又不可避免地会陷入协调困境。协调博弈理论告诉我们，走出协调困境需要借助“聚焦”的方法，即根据情境选择具有凸显性的“聚点”，再通过“聚点”来协调多主体的行为。在简单案件中，规则或先例成为了当仁不让的聚点，据此法官的行为得以协调一致，但是在疑难案件中，由于统一的前提性规则的缺失，司法决策的协调性问题被再次凸显出来。从现实主义的角度来说，处于共时性维度的法官在同时处理类似的案件时，确实无法协调。

结　语

本书采纳现实主义的视角，从不同的学科切入，讨论与揭示了司法决策的现实主义面相。

在第一章中，我们从三个角度探讨了美国现实主义的司法观。首先，对于司法过程的性质而言，究竟是创造性的还是宣告性的，现实主义与形式主义针锋相对，形式主义认为司法过程就是逻辑演绎的过程，是宣告法律适用的过程，而现实主义认为法律的生命不在逻辑，而在经验，是创造性的过程。其次，对于司法裁判的主导因素而言，形式主义强调了法律的单方面决定作用，而现实主义认为司法裁判是由事实主导的，裁判结果只是对事实刺激的一种反应。最后，对于司法判决的可预测性而言，现实主义阵营内部出现了分歧，现实主义的社会科学之翼认为司法裁判虽然不确定，但还是可以预测的，而现实主义的个人习性之翼认为司法判决取决于个人习性，因而本质上是不可预测的。现实主义的司法决策观通过恢复事实在裁判过程中的中心地位，揭示了司法决策的现实主义色彩。

在第二章中，我们研究了批判法学的司法主张。批判法学的不同代表人物大多主张司法的政治性命题，即司法判决本质上不是基于法律因素而作出的，而是基于政治意识形态因素而作出的。在批判法学看来，司法的政治性是自由主义社会价值多元化必然的结果，其间的逻辑关系在于：自由主义的价值多元化必然导致立法反映不同的价值，这就造成法律体系的内在不一致，自由主义的法律体系就像一个七拼八凑的大杂烩，而内在不一致甚至相互矛盾的立法使司法过程中法官可以并且必须按照自己的意识形态来选择适用法律，这就又导致了政治性的司法。所以，割据的立法、政治性的司法，都是自由主义社会的必然产物。批判法学在某种程度上强化了司法决策的现实主义色彩。

第三章是从本体论解释学的视角来看待司法决策过程。不同于方法论解释学，本体论解释学认为解释者是带着主体的先见、成见甚至个性因素来从事解释活动的，因此，解释不可避免带有主观色彩。据此，司法决策的预测模型应该从"客观法律模型"转变为解释者的"主观法律模型"。然而，"主观法律模型"却在一定程度上消解了司法的客观性，为此，司法客观性必须被重新加以定义和理解。

第四章、第五章是司法决策的社会学研究，其核心观点是法官的司法决策受到社会关系网络的影响。一直以来，人们都认为司法决策是司法官独立、自主行动的结果，然而，从戈夫曼的"表演"理论与格兰诺维特的"镶嵌"理论的视角来看，这一传统意象可能根本就不能成立，事实上，人们似乎忘记了，司法官是深深地嵌在社会关系之中的，他的司法决策是一种自我表演的结果，是社会关系网络诸力量相互拉扯的结果，审判独立原则并不能改变司法决策受社会关系网络诸力量影响的事实。从司法决策的力学机制来看，司法决策的决策点是由司法官个人意见与外界意见之间通过角力来确定的。这一研究结果对我国具有重要的现实意义，因为我国历来就是一个关系社会（伦理社会），一个社会关系网络在社会中发挥着重要作用的社会。中国式的关系构成了所谓中国性的一部分,中国式关系夹缠着人情与利益的因素,对生活于其间的人产生着巨大的影响。虽然有乐观的观点估计,随着中国社会从前现代向现代转型,从陌生人社会向熟人社会转型,关系的重要性将会显著地下降,但是也有学者基于实证调查指出,关系在司法决策中仍然发挥着重要的影响。我们对于法官的一系列访谈证明,关系的影响作用仍然存在,在前人研究的基础上,我们着力分析了关系机制发挥作用的微观空间和具体方式。访谈材料显示,关系因素在实体利益空间与程序利益空间均能找到用武之地。访谈材料还表明,就横向关系而言,它显示出鲜明的"差序格局",依感情的深厚与利益的大小,不同的关系发挥的作用并不一样,感情越深、利益越大,其影响力也越大,感情越浅、利益越小,其影响力就越小。就纵向关系而言,纵向关系主要取决于级别,感情因素也起着一定的作用。如果同时涉及纵向关系与横向关系,则纵向关系要占上风。

第六章、第七章是司法决策的心理学研究,其核心观点是法官的司法决策受到认知偏差的影响。第六章聚焦于刑事错案的生产机制,案件的调查、侦破过程,可以被分解为两个关键的步骤:第一个步骤是"构造故事",从认知心理学的角度来观察,由于认知系统中的系统一的自发作用,侦查机关对案件事实的认识存在着普遍性的认知偏差,主要有代表性偏差、易得性偏差和锚定性偏差,这些认知偏差是导致刑事错案的直接诱因。第二个步骤是"证实(伪)故事",在刑事错案中,侦查机关偏爱运用刑讯逼供手段证实"犯罪故事",从认知心理学的角度来观察,这是"过度自信效应"、"展望理论效应"和"沉没成本效应"作用的结果。

第七章讨论了心理学上的刻板印象对法官司法决策的影响,我们以过去 20 年间发生的 13 起涉及"权贵"的公众关注案件为研究对象,分析了这些案件中存在的针对"权贵"的刻板印象,这些刻板印象主要通过直觉机制起作用,同时具有理性与非理性的特点。公众的刻板印象并不必然会对法官的司法决策产生影响,它是否产生影响,主要取决于公众意见与法官意见的角力情况，同时还要考虑到诸如专家意见、官员意见等干扰性因素的影响。

第八章讨论了司法决策过程中的后果衡量现象。从经验的角度来观察，人对后果的敏感和关注是人最本质的特征之一。后果衡量的后果是一种包括政治、经济、社会、文化、道德、正义、先例等一系列后果的综合性后果，但是由于理性的有限，司法过程中的后果衡量往往只选择一种具有凸显性的单一性后果来进行权衡，而使某种单一性后果凸显出来的，不外乎外部环境因素和主体偏好因素，这亦足以说明司法决策的现实主义色彩。

第九章从博弈论的角度讨论了“同案同判”理想所面临的难题。“同案同判”是“同样情况同样对待、不同情况不同对待”的基本形式正义的要求。造成“同案不同判”的真正原因是“协调博弈”所产生的协调困境，走出协调困境的重要方法是“聚点”策略。在简单案件中，规则或先例成为了当仁不让的聚点，据此法官的行为得以协调一致。而在疑难案件中，规则作为聚点的特性消失了，同案同判再次成为问题。

参考文献

张宏生、谷春德主编:《西方法律思想史》,北京大学出版社 1990 年版。

郑也夫:《代价论》,三联书店 1995 年版。

费孝通:《乡土中国·生育制度》,北京大学出版社 1998 年版。

陈金钊:《法律解释的哲理》,山东人民出版社 1999 年版。

龙宗智:《相对合理主义》,中国政法大学出版社 1999 年版。

洪汉鼎:《诠释学——它的历史和当代发展》,人民出版社 2001 年版。

林端:《儒家伦理与法律文化:社会学观点的探索》,中国政法大学出版社 2002 年版。

沉钟:《第一种危险:张金柱恶性交通肇事案真相调查》,中国电影出版社 2002 年版。

焦洪昌:《传媒与司法》,中国人民公安大学出版社 2006 年版。

罗家德、叶勇助:《中国人的信任游戏》,社会科学文献出版社2007年版。

刘品新主编:《刑事错案的原因与对策》,中国法制出版社2009年版。

翁子明:《司法判决的生产方式:当代中国法官的制度激励与行为逻辑》,北京大学出版社2009年版。

陆而启:《法官角色论:从社会、组织和诉讼场域的审视》,法律出版社2009年版。

何海波:《实质法治——寻求行政判决的合法性》,法律出版社2009年版。

张保生:《法律推理的理论与方法》,中国政法大学出版社2000年版。

高一飞:《媒体与司法关系研究》,中国人民公安大学出版社2010年版。

秦策、张镭:《司法方法与法学流派》,人民出版社2011年版。

代志鹏:《司法判决是如何生产出来的:基层法官角色的理想图景与现实选择》,人民出版社2011年版。

边燕杰主编:《关系社会学:理论与研究》,社会科学文献出版社2011年版。

苏力:《送法下乡——中国基层司法制度研究》(修订版),北京大学出版社2011年版。

梁漱溟:《中国文化要义》,上海人民出版社2011年版。

郑永流:《法律方法阶梯》(第2版),北京大学出版社2012年版。

陈景辉:《实践理由与法律推理》,北京大学出版社2012年版。

董坤:《侦查行为视角下的刑事冤案研究》,中国人民公安大学出版社2012年版。

李在全:《法治与党治:国民党政权的司法党化(1923—1948)》,社会科学文献出版社 2012 年版。

张清波:《理性实践法律:当代德国的法之适用理论》,法律出版社 2012 年版。

翟学伟:《人情、面子与权力的再生产》(第 2 版),北京大学出版社 2013 年版。

胡铭:《错案是如何发生的——转型期中国式错案的程序逻辑》,浙江大学出版社 2013 年版。

袁坚:《刑事审判合议制度研究》,法律出版社 2014 年版。

牛锦红:《媒体与司法的博弈:近代中国媒体与司法重大案件研析》,中国法制出版社 2015 年版。

陈根发:《司法与传媒》,知识产权出版社有限责任公司 2015 年版。

高一飞:《网络时代的媒体与司法关系》,中国民主法制出版社 2016 年版。

朱兵强:《在封闭与开放之间:民意与司法的关系研究》,法律出版社 2016 年版。

陈建云:《舆论监督与司法公正》,上海人民出版社 2016 年版。

[美]汉密尔顿等:《联邦党人文集》,程逢如等译,商务印书馆 1980 年版。

[美]本杰明·卡多佐:《司法过程的性质》,苏力译,商务印书馆 1998 年版。

[德]海德格尔:《存在与时间》,陈嘉映、王庆节译,生活·读书·新知三联书店 1999 年版。

[德]伽达默尔:《真理与方法》,洪汉鼎译,上海译文出版社 1999 年版。

[英]边沁:《道德与立法原则导论》,时殷弘译,商务印书馆 2000 年版。

[美]霍姆斯:《法律之道》,许章润译,载《环球法律评论》2001 年秋

季号。

[德]阿尔弗雷德·许茨:《社会实在问题》,霍桂恒、索昕译,华夏出版社2001年版。

[美]理查德.A.波斯纳:《法理学问题》,苏力译,中国政法大学出版社2002年版。

[法]狄尔泰:《历史中的意义》,艾彦等译,中国城市出版社2002年版。

[德]罗伯特·阿列克西:《法律论证理论》,舒国滢译,中国法制出版社2002年版。

[美]罗伯特·斯蒂文斯:《法学院:19世纪50年代到20世纪80年代的美国法学教育》,阎亚林、李新成、付欣译,中国政法大学出版社2003年版。

[美]斯科特·普劳斯:《决策与判断》,施俊琦、王星译,人民邮电出版社2004年版。

[英]麦考密克:《法律推理与法律理论》,姜峰译,法律出版社2005年版。

[美]阿马蒂亚·森:《后果评价与实践理性》,应奇译,东方出版社2006年版。

[以]安德雷·马默主编:《法律与解释》,张卓明等译,法律出版社2006年版。

[德]尼采:《权力意志》,孙周兴译,商务印书馆2007年版,第166~167页。

[美]欧文·戈夫曼:《日常生活中的自我呈现》,冯钢译,北京大学出版社2008年版。

[美]安德鲁·奥尔特曼:《批判法学——一个自由主义的批评》,信春鹰、杨晓锋译,中国政法大学出版社2009年版。

[美]沃尔德伦:《法律与分歧》,王柱国译,法律出版社2009年版。

[美]塔玛纳哈:《论法治——历史、政治和理论》,李桂林译,武汉大学出版社2010年版。

[美]罗伯特·R.萨默斯:《美国实用工具主义法学》,柯华庆译,中国法制出版社2010年版。

[意]乔瓦尼·萨尔托尔:《法律推理——法律的认知路径》,汪习根等译,武汉大学出版社2011年版,第288页。

[美]邓肯·肯尼迪:《判决的批判》,王家国译,法律出版社2012年版。

[美]丹尼尔·卡尼曼:《快思慢想》,洪兰译,远见天下文化出版股份有限公司2012年版。

[美]巴里·施瓦茨:《选择的悖论:用心理学解读人的经济行为》,梁嘉歆、黄子威、彭珊怡译,浙江人民出版社2013年版。

[美]雷德·海斯蒂、罗斌·道斯:《不确定世界的理性选择——判断与决策心理学》,谢晓非、李纾等译,人民邮电出版社2013年版。

[法]齐瓦·孔达:《社会认知——洞悉人心的科学》,周治金、朱新秤等译,人民邮电出版社2013年版。

[美]罗纳德·德沃金:《自由的法:对美国宪法的道德解读》,刘丽君译,上海人民出版社2013年版。

[美]理查德·戴维斯:《最高法院与媒体》,于霄译,上海三联书店2014年版。

[英]罗杰·科特威尔:《法律社会学导论》,彭小龙译,中国政法大学出版社2015年版。

[美]格兰诺维特:《镶嵌:社会网络与经济行动》,罗家德等译,社会科学文献出版社2015年版。

余英时:《从价值系统看中国文化的现代意义》,载《文化:中国与世界》,三联书店1987年版。

乔健:《关系刍议》,载杨国枢主编:《中国人的心理》,桂冠图书股份有限公司 1988 年版。

金耀基:《人际关系中人情之分析》,载杨国枢主编:《中国人的心理》,桂冠图书股份有限公司 1988 年版。

文崇一:《报恩与复仇:交换行为的分析》,载杨国枢主编:《中国人的心理》,桂冠图书股份有限公司 1988 年版。

杨国枢:《中国人的社会取向:社会互动的观点》,载杨国枢、余安邦:《中国人的心理与行为:理论与方法篇》,桂冠图书股份有限公司 1993 年版。

谢遐龄:《中国社会是伦理社会》,载《社会学研究》1996 年第 6 期。

翟学伟:《土政策的功能分析——从普遍主义到特殊主义》,载《社会学研究》1997 年第 3 期。

贺卫方:《传媒与司法三题》,载《法学研究》1998 年第 6 期。

秦策:《法官角色冲突的社会学分析——对司法不公现象的理性思考》,载《南京师大学报》(社会科学版)1999 年第 2 期。

顾培东:《论对司法的传媒监督》,载《法学研究》1999 年第 6 期。

苏力:《基层法院审判委员会制度的考察及思考》,载《北大法律评论》(第 1 卷第 2 辑),法律出版社 1999 年版。

陈瑞华:《正义的误区——评法院审判委员会制度》,载《北大法律评论》(第 1 卷第 2 辑),法律出版社 1999 年版。

贺卫方:《关于审判委员会的几点评论》,载《北大法律评论》(第 1 卷第 2 辑),法律出版社 1999 年版。

鲁智勇:《关于审判委员会制度的思考》,载《北大法律评论》(第 1 卷第 2 辑),法律出版社 1999 年版。

程新生:《审判委员会制度研究》,载《政治与法律》2000 年第 1 期。

谢晖:《解释法律与法律解释》,载《法学研究》2000 年第 5 期。

王戬:《论测谎证据》,载《法学》2000 年第 11 期。

陈昌云:《从民警到死囚,从死囚到民警——"民警杜培武故意杀人冤案”昭示了什么》，载《人民公安》2000 年第 18 期。

王戬：《论测谎证据》，载《法学》2000 年第 11 期。

王晨光、高其才：《律师职业的现状调查：武汉律师访谈综述》，载《中国律师》2000 年第 12 期。

侯健：《传媒与司法的冲突及其调整——美国有关法律实践评述》，载《比较法研究》2001 年第 1 期。

苏力：《也许正在发生——中国当代法学发展的一个概览》，载《比较法研究》2001 年第 3 期。

王中江：《“原意”、“先见”及其解释的“客观性”——在“方法论解释学”与“哲学解释学”之间》，载《学术界》2001 年第 4 期。

程竹汝：《论依法治国条件下党与司法的关系》，载《政治与法律》2001 年第 4 期。

景汉朝：《传媒监督与司法独立的冲突与契合》，载《现代法学》2002 年第 1 期。

何家弘：《测谎结论与证据的“有限采用规则”》，载《中国法学》2002 年第 2 期。

左卫民、吴卫军：《“形合实独”：中国合议制度的困境与出路》，载《法制与社会发展》2002 年第 2 期。

朱玲：《传媒与司法关系之探究》，载《当代法学》2002 年第 12 期。

李建明：《论党领导下的司法独立》，载《政治与法律》2003 年第 2 期。

白建军：《同案同判的宪政意义及其实证研究》，载《中国法学》2003 年第 3 期。

杨旺年：《关于测谎及其结论的争议与评析》，载《法律科学》2004 年第 2 期。

赵光武：《哲学解释学的解释理论与复杂性探索》，载《北京大学学报》2004 年第 4 期。

史美良:《法官角色的矛盾辨说》,载《浙江学刊》2004年第4期。

黄光国:《人情与面子:中国人的权力游戏》,载黄光国编:《面子——中国人的权力游戏》,中国人民大学出版社2004年版。

吴英姿:《党政与司法关系的规范化》,载《江苏警官学院学报》2005年第1期。

安明:《也谈同案同判——从盗窃罪的实证分析出发》,载《黑龙江省政法管理干部学院学报》2005年第3期。

杨维汉:《胥敬祥,13年沉冤尽洗——河南省检察机关无罪抗诉第一案纪实》,载《决策探索》2005年第9期。

林劲松:《我国合议庭评议制度反思》,载《法学》2005年第10期。

李建明:《死刑案件错误裁判问题研究——以杀人案件为视角的分析》,载《法商研究》2005年第1期。

陈兴良:《错案何以形成》,载《公安学刊》2005年第5期。

冀祥德:《民愤的正读——杜培武、佘祥林等错案的司法性反思》,载《现代法学》2006年第1期。

李富军、杨春鹏、吕世瑜、刘菲菲:《认知偏差理论研究的现状与展望》,载《青岛大学学报》(自然科学版)2006年第4期。

朱健、王人博:《"媒体审判"负面效应批判——兼论构建传媒与司法间的和谐关系》,载《政法论丛》2006年第6期。

周永恒:《基层法院法官合议制度的调查与思考》,载《山东审判》2007年第1期。

陈永生:《我国刑事误判问题透视——以20起震惊全国的刑事冤案为样本的分析》,载《中国法学》2007年第3期。

李建明:《刑事错案的深层次原因——以检察环节为中心的分析》,载《中国法学》2007年第3期。

李雨峰:《权利是如何实现的——纠纷解决过程中的行动策略、传媒与司法》,载《中国法学》2007年第5期。

何家弘、何然:《刑事错案中的证据问题——实证研究与经济分析》,载《政法论坛》2008 年第 2 期。

郭华:《侦查机关内设鉴定机构鉴定问题的透视与分析——13 起错案涉及鉴定问题的展开》,载《证据科学》2008 年第 4 期。

陈瑞华:《司法裁判的行政决策模式——对中国法院“司法行政化”现象的重新考察》,载《吉林大学社会科学学报》2008 年第 4 期。

张良桥:《协调博弈理论研究新进展》,载《经济前沿》2009 年第 4 期。

赵秉志、张心向:《法官角色视野下的裁判理性——以 2005“中国法官十杰”先进事迹介绍为分析范本》,载《法律科学》2009 年第 5 期。

蔡禾、贾文娟:《路桥建设业中包工头工资发放的“逆差序格局”——“关系”降低了谁的市场风险》,载《社会》2009 年第 5 期。

陈树森:《博弈与和谐:穿行于法意与民意之间的司法》,载《法律适用》2009 年第 9 期。

江必新:《司法与政治关系之反思与重构》,载《湖南社会科学》2010 年第 2 期。

姜斌:《司法中群体观念的形成机制——司法如何应对民意的前提考量》,载《浙江社会科学》2010 年第 3 期。

孙笑侠:《公案及其背景——透视转型期司法中的民意》,载《浙江社会科学》2010 年第 3 期。

孙笑侠:《公案的民意、主题与信息对称》,载《中国法学》2010 年第 3 期。

於兴中:《基本矛盾、虚假的必然性与司法裁决的意识形态性质——邓肯 · 肯尼迪的〈司法裁决批判〉简评》,载《比较法研究》2010 年第 4 期。

栗峥:《传媒与司法的偏差——以 2009 十大影响性诉讼案例为例》,载《政法论坛》2010 年第 5 期。

陆宇峰:《美国法律现实主义:内容、兴衰及其影响》,载《清华法学》2010年第6期。

叶榅平:《论我国合议庭制度的完善》,载《法商研究》2010年第6期。

王申:《司法行政化管理与法官独立审判》,载《法学》2010年第6期。

孙笑侠:《司法的政治力学——民众、媒体、为政者、当事人与司法官的关系分析》,载《中国法学》2011年第2期。

王申:《科层行政化管理下的司法独立》,载《法学》2012年第11期。

孔祥俊:《从司法的属性看审判与民意的关系》,载《法律适用》2010年第12期。

孙万怀:《论民意在刑事司法中的解构》,载《中外法学》2011年第1期。

周洪波:《树状模式与丛林模式:诉讼证明观念图式的理论与实证》,载《中国刑事法杂志》2011年第1期。

侯猛:《政法传统中的民主集中制》,载《法商研究》2011年第1期。

陈洪杰:《从程序正义到摆平"正义":法官的多重角色分析》,载《法制与社会发展》2011年第2期。

陈柏峰:《法治热点案件讨论中的传媒角色——以"药家鑫案"为例》,载《法商研究》2011年第4期。

张晓冰:《法官的角色紧张及其消解》,载《人文杂志》2011年第5期。

王水雄:《关系的本质与选择:基于一项实验的考察》,载边燕杰主编:《关系社会学:理论与研究》,社会科学文献出版社2011年版。

王启梁:《法律世界观紊乱时代的司法、民意和政治——以李昌奎案为中心》,载《法学家》2012年第3期。

于晓青:《司法裁判中的法理与民意》,载《法商研究》2012年第5期。

苏力:《中国司法中的政党》,林端、侯猛、尤陈俊编:《司法、政治与社会:中国大陆的经验研究》,台北,翰芦图书出版有限公司 2012 年版。

侯猛:《社科法学的传统与挑战》,载《法商研究》2014 年第 5 期。

陈柏峰:《社科法学及其功用》,载《法商研究》2014 年第 5 期。

莫良元、夏锦文:《司法场域中热点案件的事实真相认定:彭宇案的法社会学解读》,载《法律科学》2012 年第 5 期。

王广辉:《从政治司法到法律司法》,载《政法论丛》2013 年第 3 期。

王晋忠、张志毅:《过度自信理论文献综》,载《经济学家》2013 年第 3 期。

许德风:《法教义学的应用》,载《中外法学》2013 年第 5 期。

周永坤:《政治当如何介入司法》,载《暨南学报》(哲学社会科学版) 2013 年第 11 期。

苏力:《法律人思维?》,载《北大法律评论》(第 14 卷第 2 辑),北京大学出版社 2013 年版。

唐丰鹤:《整体性的法律论证:兼论疑难案件法律方法的适用》,载《河北法学》2014 年第 1 期。

黄士元:《刑事错案形成的心理原因》,载《法学研究》2014 第 3 期。

陈林林、杨桦:《基于"态度"的司法决策》,载《浙江大学学报》2014 年第 3 期。

陈林林、张晓笑:《裁判行为的认知心理学阐释》,载《苏州大学学报》2014 年第 4 期。

张洪涛:《审判委员会法律组织学解读——兼与苏力教授商榷》,载《法学评论》2014 年第 5 期。

周赟:《论立法的待续本质——从用法者角度看立法的本质》,载《哲学研究》2014 年第 6 期。

龚廷泰:《党的领导与司法独立关系之我见》,载《法制与社会发展》2014 年第 6 期。

宋方青:《实现司法与政治之间的平衡》,载《法制与社会发展》2014年第6期。

李雨峰:《司法过程的政治约束——我国基层人民法院审判委员会运行研究》,载《法学家》2015年第1期。

江国华、韩玉亭:《论法官的角色困境》,载《法制与社会发展》2015年第2期。

蔡嘉源、徐武、唐福乐:《刑事冤假错案防范与纠正机制构建研究——以平反昭雪的冤假错案为例》,载《东南学术》2015年第2期。

柴晓宇:《测谎结果的证据属性及运用规则探析》,载《浙江社会科学》2015年第4期。

唐丰鹤:《法律现实主义的司法裁判观》,载陈金钊主编:《法律方法》(第17卷),山东人民出版社2015年版。

陈辉:《司法审判与舆论监督:张金柱案再审思》,载《西部学刊》2016年第3期。

侯学勇:《司法中的主体竞争及其意义》,载《河南大学学报》2017年第1期。

张中:《法官眼里无事实:证据裁判原则下的事实、证据与事实认定》,载《浙江工商大学学报》2017年第5期。

张杨、谢樹:《十八大以来中国共产党反腐倡廉建设的新进展》,载《湖湘论坛》2017年第6期。

T. Parsons and E. Shils, *Toward a General Theory of Action*, Harvard University Press, 1950.

K. Llewellyn, *The Bramble Bush*, Oceana Publications, 1960.

Karl N. Llewellyn, *The Common Law Tradition*, Little, Brown and Company, 1960.

O. W. Holmes, *The Common Law*, M. Howe ed., Little Brown, 1963.

Jerome Frank, *Law and the Modern Mind*, Peter Smith, 1970.

Jerome Frank, *Courts on Trial: Myth and Reality in American Justice*, Princeton University Press, 1973.

Roberto Unger, *Knowledge and Politics*, Free Press, 1975.

Roberto Unger, *Law in Modern Society*, Free Press, 1976.

Michel Foucault, Nietzsche, *Genealogy, History, in Language, Counter-Memory, Practice, ed. Donald Bouchard, Ithaca*, Cornell University Press, 1977.

T. Schelling, *The Strategy of Conflict*, Harvard University Press, 1980 (first edition 1960).

David Kairys, *Legal Reasoning, in The Politics of Law: A Progressive Critique*, Randam House, 1982.

Roberto Unger, *The Critical Legal Studies Movement*, Harvard University Press, 1986.

Mark Kelman, *A Guide to Critical Legal Studies*, Harvard University Press, 1987.

Mark Tushnet, *Red, White, and Blue: A Critical Analysis of Constitutional Law*, Harvard University Press, 1988.

Yoshihara, K. , *The Rise of Ersatz Capitalism in South East Asia*, Oxford University Press, 1988.

Andrew Altman, *Critical Legal Studies: A Liberal Critique*, Princeton University Press, 1990.

J. Habermas, *Between Facts and Norms: Contributions to a Discourse Theory of Law and Democracy*, translated by Williiam Rehg, The MIT Press, 1996.

Brown, Jonathon D. , *The Self*, Mcgraw-Hill, 1998.

Guthrie, Doug, *Dragon in a Three-Piece Suit: The Emergence of Capitalism in China*, Princeton University Press, 1999.

Ziva Kunda, *Social Cognition: Making Sense of People*, Cambridge, The MIT Press, 1999.

Stephen M. Feldman, *American Legal Thought from Premodernism to Postmodernism: An Intellectual Voyage*, Oxford University Press, 2000.

Y. H. Wong, Thomas K. P. Leung, *Guanxi: Relationship Marketing in a Chinese Context*, The Haworth Press, 2001.

Segal J. A. & Spaeth H. J., *The Supreme Court and the Attitudinal Model Revisited*, Cambridge University Press, 2002.

Roger Cotterrell, *The Politics of Jurisprudence: A Critical Introduction to Legal Philosophy*, Oxford University Press, 2003.

Neil MacCormick, *Rhetoric and the Rule of Law: A Theory of Legal Reasoning*, Oxford University Press, 2005.

Lawrence Baum, *Judges and Their Audiences: A Perspective on Judicial Behavior*, Princeton University Press, 2006.

Luo, Y., *Guanxi and Business*, World Scientific, 2007.

Hualiang Lu, *The Role of Guanxi in Buyer-seller Relationships in China: A Survey of Vegetable Supply Chains in Jiangsu Province*, Wageningen Academic Publishers, 2007.

R. A. Posner, *How Judges Think*, Harvard University Press, 2008.

Frederick Schauer, *Thinking Like a Lawyer: A New Introduction to Legal Reasoning*, Harvard University Press, 2009.

Herman Oliphant, "A Return to Stare Decisis", *American Bar Association Journal* 14, 1928.

Joseph C. Hutcheson, "The Judgment Intuitive: The Function of the 'Hunch' in Judicial Decisions", *Cornell Law Quarterly* 14, 1929.

Underhill Moore & Theodore S. Hope, "An Institutional Approach to The Law of Commercial Banking", *The Yale Law Journal* 38, 1929.

Felix Cohen, "Transcendental Nonsense and the Functional Approach", *Colum. L. Rev.* 35, 1935.

Hsien Chin Hu, "The Chinese Concepts of 'Face'", *American Anthropologist* 46(1), 1944.

Yang, Lien-Shang, *The Concept of Pao as a Basis for Social Relations in China, In Chinese Thought and Institutions*, edited by J. K. Fairband, 1957, University of Chicago Press.

Sen Amartya, "Isolation Assurance and the Social Rate of Discount", *Quarterly Journal of Economics*, Vol. 81, 1967.

Mark Granovetter, "The Strength of Weak Tie", *The American Journal of Sociology* 78(6), 1973.

Amos Tversky& Daniel Kahneman, "Judgment under Uncertainty: Heuristics and Biases", *Science* 185, 1974.

Duncan Kennedy, "Form and Substance in Private Law Adjudication", *Harv. L. Rev.* 89, 1976.

Duncan, B. L., "Differential Social Perception and Attribution of Inter-Group Violence: Testing the Lower Limits of Stereotyping of Blacks", *Journal of Personality and Social Psychology* 34, 1976.

Carolyn Lown, "Legal Approaches to Juror Stereotyping by Physical Characteristics", *Law and Human Behavior*, Vol. 1, No. 1, 1977.

David Yau-fai Ho, "On the Concept of Face", *American Journal of Sociology* 81(4), 1976.

King, AYS, Myers, JT, "Shame as an Incomplete Conception of Chinese Culture: A Study of Face", 1977, *Working Paper* No. 63, Social Research Centre, Chinese University of Hong Kong.

Bernard, J. L., "Interaction Between the Race of the Defendant and That of the Jurors in Determining Verdicts", *Law and Psychology Review* 5,

1979.

A. Daniel Yarmey and Judy Kent, "Eyewitness Identification by Elderly and Young Adults", *Law and Human Behavior*, Vol. 4, No. 4, 1980.

Marsha B. Jacobson, "Effects of Victim's and Defendant's Physical Attractiveness on Subjects' Judgments in a Rape Case", *Sex Roles*, Vol. 7, No. 3, 1981.

Judson Mils, "Margaret S. Clark, Communal and Exchange Relationships", *Personality & Social Psychology Review* 3, 1982.

Peter Gabel, "Reification in Legal Reasoning, in Marxism and Law", *John Wiley and Sons*, 1982.

Neil MacCormick, "On Legal Decisions and Their Consequences: From Dewey to Dworkin", *N. Y. U. L. Rev.* 58, 1983.

Lipton, J. P., "Racism in the Jury Box: The Hispanic Defendant", *Hispanic Journal of Behavioral Sciences* 5, 1983.

Sunnafrank, M., & Fontes, N. E., "General and Crime-related Racial Stereotypes and Their Influence on Juridic Decisions", *Cornell Journal of Social Relations* 17, 1983.

Landa, J. T., "The Political Economy of the Ethnically Homogeneous Chinese Middleman Group in Southeast Asia: Ethnicity and Entrepreneurship in a Plural Society, in L. Y. C. Lim & P. Gosling (Eds.), The Chinese in Southeast Asia", *Maruzen Asia* Vol. 1, 1983.

Greenhalgh, S., "Networks and Their Nodes: Urban Society on Taiwan", *The China Quarterly* 99, 1984.

P. V. Marsden, K. E. Campbell, "Measuring Tie Strength", *Social Forces* 63(2), 1984.

Allan Hutchinson, "Of Kings and Dirty Rascals: The Struggle for Democracy", *Queens Law Journal* 9, 1984.

Lafree, G. , " Official Reactions to Hispanic Defendants in the Southwest" ,*Journal of Research in Crime and Delinquency* 22,1985.

James Boyle, " The Anatomy of a Torts Class" , *American University Law Review*, Summer, 1985.

James Boyle, "The Politics of Reason: Critical Legal Theory and Local Social Thought" , *U. PA. L. REV.* 133, 1985.

Gary Peller, "Metaphysics of American Law" , *Calif. L. Rev.* 73, 1985.

Clair Dalton, " An Essay in the Deconstruction of Contract Doctrine" , *Yale Law Journal* 94(5), 1985.

Mark Granovetter, "Economic Action and Social Structure: The Problem of Embeddedness" , *The American Journal of Sociology* 91(3), 1985.

Johnson, J. D. , Whitestone, E. , Jackson, L. A, & Gatto, L. , Justice Is Still Not Colorblind: Nickerson, S. , Mayo, C. , & Smith, A. , Racism in the Courtroom, In J. F. Dovidio & S. L. Gaertner (Eds.), Prejudice, Discrimination, and Racism, Academic Press, 1986.

Karl N. Llewellyn, "The Case Law System in America" , *Columbia Law Review* 88, 1988.

Gordon, R. A. , Bindrim, T. A. , McNicholas, M. L. , & Walden, T. L. , "Perceptions of Blue-collar and White-collar Crime: The Effect of Defendant Race on Simulated Juror Decisions" , *Journal of Social Psychology* 128, 1988.

Macrae, C. N. , & Shepherd, J. W. , " Do Criminal Stereotypes Mediate Juridic Judgments?" *British Journal of Social Psychology* 28, 1989.

Nee, Victor, " A Theory of Market Transition: From Redistribution to Markets in State Socialism" , *American Sociological Review* 54(5), 1989.

Gordon, R. A. , " Attributions for Blue-collar and White-collar Crime: The Effects of Subject and Defendant Race on Simulated Juror Decisions" ,

Journal of Applied Social Psychology 20,1990.

Purdue,C. W. ,and Gurtman,M. B. ,"Evidence for the Automaticity of Ageism",*Journal of Experimental Social Psychology* 26,1990.

Jane Goodman, Elizabeth F. Loftus, Marian Miller and Edith Greene, "Money,Sex,and Death:Gender Bias in Wrongful Death Damage Awards", *Law &Society Review*,Vol. 25,No. 2,Special Issue on Gender and Sociolegal Studies,1991.

Nee,Victor,"Social Inequalities in Reforming State Socialism:Between Redistribution to Markets in China",*American Sociological Review* 56(3), 1991.

Pennington,N. & Hastie, R. , "A Cognitive Theory of Juror Decision Making:The Story Model",*Cardozo Law Review* 13,1991.

Nee, Victor, "Organizational Dynamics of Market Transition: Hybrid Forms, Property Rights, and Mixed Economy in China", *Administrative Science Quarterly* 37,1992.

Perez,D. A. ,Hosch,H. M. ,Ponder,B. ,& Trejo,G. C. ,"Ethnicity of Defendants and Jurors as Influences on Jury Decisions",*Journal of Applied Social Psychology* 23,1993.

Mayfair Mei-hui Yang, *Gifts, Favors, and Banquets: The Art of Social Relationships in China*,Cornell University Press,1994.

Toshio Yamagishi, Midori Yamagishi, "Trust and Commitment in the United States and Japan",*Motivation and Emotion* 18(2),1994.

Diane M. Badzinski, Ann Burnett, "Nonverbal Involvement and Sex: Effects on Jury Decision Making", *Journal of Applied Communication Research* 22,1994.

David H. Gans, "Stereotyping and Difference: Planned Parenthood v. Casey and the Future of Sex Discrimination Law",*The Yale Law Journal*,

Vol. 104, No. 7, 1995.

"Differential Racial Effects of Exposure to Inadmissible Evidence", *Personality and Social Psychology Bulletin* 21, 1995.

Walsh, W. A., Banaji, M. R., & Greenwald, A. G., *A Failure to Eliminate Race Bias in Judgments of Criminals*, Paper presented at the annual meeting of the American Psychological Society, New York, 1995.

Leary, Mark R. & Deborah Downs, *Interpersonal Functions of the Self-Esteem Motive: The Self-Esteem System as a Sociometer*, *in Efficacy, Agency, and Self-Esteem*, ed. Michael H. Kernis, Plenum Press, 1995.

Fazio, R. H., Jackson, J. R., Dunton, B. C., and Williams, C. J., "Variability in Automatic Activation as an Unobtrusive Measure of Racial Attitudes: A Bona Fide Pipeline?", *Journal of Personality and Social Psychology* 69, 1995.

Blair, I. V., and Banaji, M. R., "Automatic and Controlled Processes in Stereotype Priming", *Journal of Personality and Social Psychology* 70, 1996.

Nee, Victor, "The Emergence of a Market Society: Changing Mechanisms of Stratification in China", *American Journal of Sociology* 101 (4), 1996.

Nee, Victor & Rebecca Matthews, "Market Transition and Societal Transformation in Reforming State Socialism", *Annual Review of Sociology* 22, 1996.

Wittenbrink, B., Judd, C. M., and Park, B., "Evidence for Racial Prejudice at the Implicit Level and its Relationship with Questionnaire Measures", *Journal of Personality and Social Psychology* 72, 1997.

Anne S. Tsui, Jiing-Lih Larry Farh, "Where Guanxi Matters: Relational Demography and Guanxi in the Chinese Context", *Work and Occupations* 24 (1), 1997.

Bian, Yanjie, "Bringing Strong Ties BackIn: Indirect Ties, Network Bridges, and Job Searches in China", *American Sociological Review* 62(3), 1997.

C. A. Elizabeth Brimacombe (née Luus), Nyla Quinton, Natalie Nance and Lynn Garrioch, "Is Age Irrelevant? Perceptions of Young and Old Adult Eyewitnesses", *Law and Human Behavior*, Vol. 21, No. 6, 1997.

Narina Nunez, Monica L. McCoy, Holly L. Clark, and Leigh A. Shaw, "The Testimony of Elderly Victim/Witnesses and Their Impact on Juror Decisions: The Importance of Examining Multiple Stereotypes", *Law and Human Behavior*, Vol. 23, No. 4, 1999.

Nee, Victor & Yang Cao, "Path Dependent Societal Transformation: Stratification in Hybrid Mixed Economics", *Theory and Society* 28, 1999.

Cao, Yang & Victor Nee, "Comment: Controversies and Evidence in the Market Transition Debate", *American Journal of Sociology* 105(4), 2000.

Nicholas Epley & Thomas Gilovich, "Putting Adjustment Back in The Anchoring and Adjustment Heuristic: Differential Processing of Self-Generated and Experimenter-Provided Anchors", *Psychological Science* 12, 2001.

Murray Levine, Ph. D., J. D., Andy Williams, Amy Sixt, and Robert Valenti, "Is it Inherently Prejudicial to Try a Juvenile as an Adult?", *Behavioral Sciences and the Law* 19, 2001.

Guthrie, Doug, *Information Asymmetries and the Problem of Perception: The Significance of Structural Position in Assessing the Importance of Guanxi in China, in Social Connections in China: Institutions, Culture, and the Changing Nature of Guanxi, edited by Thomas Gold, Doug Guthrie, and David Wank*, Cambridge University Press, 2002.

Andrew Kipnis, *Practices of Guanxi Production and Practices of*

Ganqing Avoidance, *in Social Connections in China*: *Institutions*, *Culture*, *and the Changing Nature of Guanxi*, *Edited by Thomas Gold*, *Doug Guthrie*, *David Wank*, Cambridge University Press, 2004.

Nicholas Epley, Boaz Keysar, Leaf Van Boven, Thomas Gilovich, "Perspective Taking as Egocentric Anchoring and Adjustment", *Journal of Personality and Social Psychology* 87, 2004.

Sandra Graham and Brian S. Lowery, "Priming Unconscious Racial Stereotypes about Adolescent Offenders", *Law and Human Behavior*, Vol. 28, No. 5, 2004.

Brian Leiter, American Legal Realism, in W. Edmundson & M. Golding (eds.), "The Blackwell Guide to Philosophy of Law and Legal Theory", *Blackwell*, 2005.

Bian, Yanjie, *Guanxi*, *In J. Beckert & M. Zafirovski (Eds.)*, *International Encyclopedia of Economic Sociology*, Routledge, 2006.

Ethan Michelson, "Lawyers, Political Embeddedness, and Institutional Continuity in China's Transition from Socialism", *American Journal of Sociology* 113(2), 2007.

Justin D. Levinson, "Forgotten Racial Equality: Implicit Bias, Decision-Making and Misremembering", *Duke Law Journal*, Vol. 57, No. 2, 2007.

Robert M. Entman and Kimberly A. Gross, "Race to Judgment: Stereotyping Media and Criminal Defendants", *Law and Contemporary Problems*, Vol. 71, No. 4, 2008.

Mykol C. Hamilton, Katherine C. McGinley, *Lies*, *Damn Lies*, *and Voir Dire*: *Uncovering Prospective JUror Bias in Highly Publicized Cases*, American Psychology-Law Society International Congress, 2009.

Xin He, "Block Hole of the Responsibility: The Adjudication Committee's Role in a Chinese Court", *Law and Society Review* 46(4),

2012.

Chee Kiong Tong and Pit Kee Yong, Guanxi Bases, Xinyong and Chinese Business Networks, in Chee Kiong Tong ed., *Chinese Business Rethinking Guanxi and Trust in Chinese Business Networks*, Springer, 2014.

Jeremy Waldron, "Five to Four: Why Do Bare Majorities Rule on Courts", *The Yale Law Journal* 123, 2014.

Tsega Andualem Gelaye, "State Media Coverage of Highly Publicized Criminal Cases in Ethiopia and the Fair Trial Rights of the Accused", *Ethiopian Journal of Human Rights*, Vol. Ⅱ, 2014.

Anna Roberts, "Reclaiming the Importance of the Defendant's Testimony: Prior Conviction Impeachment and the Fight against Implicit Stereotyping", *The University of Chicago Law Review*, Vol. 83, No. 2, 2016.

Katlyn S. Farnum and Richard L. Wiener, "Stereotype Content Model, Causal Models, and Allegations of Age Discrimination: Should the Law Change?", *Analyses of Social Issues and Public Policy*, Vol. 16, No. 1, 2016.

致　谢

笔者对司法决策行为感兴趣大抵是受博士导师苏晓宏先生的影响，他的研究专长在法律方法，苏老师拿我当一个知己，经常与我分享他的奇思妙想甚或只是灵光一闪，但是当时他实在是对牛弹琴，因为我那时心心念念的是我钟爱的法哲学研究（后来长期从事的正当性与法正当性研究），完全无暇他顾，听得多了，便渐渐地产生了一点兴趣。直至博士毕业之后，法哲学的研究进入“中场休息”时，我才将注意力渐渐地转向法律方法，偶尔写一两篇论文，便发给苏先生过目，不料每次都得到先生的赞誉之词，在惭愧的同时，不免也产生了一些信心。所以，苏先生实在是我从事法律方法研究的指门人。

然后，顺理成章地进入浙江大学光华法学院博士后流动站跟随陈林林先生从事法律方法的研究，陈先生其时正从传统的法律方法研究转向法学与认知心理学的交叉学科研究，我也被陈先生对于新领域的热情感染了，尤其听到陈先生介绍说，认知心理学是一门非常基础的学问，像哲学一样可以垂直整合许多人文社会学科。于是乎，不到两年的时间，笔者完成了一个7万字的博士后研究报告，其间包含了从认知心理学的视角来看刑事错案的生产机制的论文，这本研究报告也构成了本书的底稿。因此，本书出版之际，我必须要感谢陈林林先生当初给我的机会和指引的方向！

本书的许多章节都已以独立论文的形式发表，因此，也特别感谢对论文提出宝贵意见的诸多匿名专家，以及陈亚飞、尤陈俊、苏慧、胡鹏等编辑老师所做的细致工作。

在本书的写作和研究过程中，笔者还得到过韩振文、冯利君、兰婷婷、潘超正诸君的帮助，在此一并致谢。

感谢杨心宇、侯健、张光杰、李桂林、王永杰、王培剑、季涛、王莉、于贤登、李政辉、刘勇、章惠萍、蒋铁初、汪庆红、卢成仁、杨知文、钱炜江等师友对我的帮助。

最后，感谢我的家人一如既往地理解和陪伴，岳母刘秋兰、妻子施丹平替我解决了研究工作的后顾之忧，母亲和妹妹这么多年一直配合着我的生活，令我既感动又愧疚。怀念我的父亲，斯人已逝，但永在我心。

图书在版编目(CIP)数据

现实主义视角下的司法决策／唐丰鹤著. -- 北京：法律出版社，2018
ISBN 978－7－5197－2249－4

Ⅰ. ①现… Ⅱ. ①唐… Ⅲ. ①司法制度－研究－中国 Ⅳ. ①D926

中国版本图书馆CIP数据核字(2018)第096923号

现实主义视角下的司法决策
XIANSHI ZHUYI SHIJIAOXIA DE SIFA JUECE

唐丰鹤 著

策划编辑 黄琳佳
责任编辑 黄琳佳
装帧设计 鲁 娟

出版 法律出版社
总发行 中国法律图书有限公司
经销 新华书店
印刷 天津嘉恒印务有限公司
责任校对 马 丽
责任印制 陶 松

编辑统筹 学术·对外出版分社
开本 A5
印张 7.75
字数 195千
版本 2018年6月第1版
印次 2018年6月第1次印刷

法律出版社／北京市丰台区莲花池西里7号(100073)
网址／www.lawpress.com.cn
投稿邮箱／info@lawpress.com.cn
举报维权邮箱／jbwq@lawpress.com.cn
销售热线／010－63939792
咨询电话／010－63939796

中国法律图书有限公司／北京市丰台区莲花池西里7号(100073)
全国各地中法图分、子公司销售电话：
统一销售客服／400－660－6393
第一法律书店／010－63939781/9782　西安分公司／029－85330678　重庆分公司／023－67453036
上海分公司／021－62071639/1636　深圳分公司／0755－83072995

书号:ISBN 978－7－5197－2249－4　**定价**:52.00元
(如有缺页或倒装,中国法律图书有限公司负责退换)